알아듣기 쉬운 지방자치 강의서

자치펀치

육 동 일

도서출판 대영문화사

머리말

2015년 8월 17일부터 2016년 2월 26일까지 인터넷 신문사 ≪디트뉴스24≫가 새롭게 제공한 팟캐스트 프로그램 '자치펀치'가 유튜브를 통해 세상에 알려지게 되었다. 이에 많은 시청자들이 저자의 강의 내용에 관심을 갖게 됨에 따라 강의된 내용을 원본에 충실하게 활자화해서 함께 공유하자는 목적 하에 책으로 만든 것이다. '자치펀치'라는 제목은 지방자치의 활성화를 저해하는 요인을 펀치로 날려보내자는 의미가 담겨있다.

1991년 지방의회의 부활로 지방자치가 우리 나라에 다시 실시된지 25년째를 보내고 있다. 성년기를 맞이한 지방자치는 지난 기간 적지 않은 시행착오를 겪어 왔지만, 우리 사회 전반에 엄청난 변화를 가져왔다.

무엇보다 지방자치 실시로 나타난 큰 성과는 지역주민들이 지역의 진정한 주인이 되기 시작했다는 사실이다. 이는 대한민국 5천 년의 역사를 송두리째 바꾼 혁명이었다. 오랫동안 대한민국을 다스리는 주인은 관(官)이었다. 민(民)은 늘 다스림의 대상 즉 피치자(被治者)에 불과했다. 이 일방적이고 주종적인 관·민관계를 짧은 기간에 혁명적으로 바꿀 수 있었던 원동력은 지방자치제다.

얼마전 교육부 고위관료가 국민을 폄하한 사건이 국민들의 분노를 불러일으킨 바 있다. 이는 지방자치제 실시로 나타난 국민의식의 변화 때문으로 볼 수 있다. 아직은 갈 길이 멀지만, 주민은 이제 일방적인 정부의 통치 대상자도, 그리고 정부가 만족을 시켜주는 단순 고객으로 머무는 것이 아니다. 그보다도 주체적이고 자조적인 주인으로서의 역할을 해나가야 할 것이다. 그래야 정부로부터 주민들이 개나 돼지 취급을 받는 작금의 수모를 근본적으로 차단할 수 있을 것이다.

이상과 같은 긍정적 변화와 함께 지방자치제는 아직 실망스럽고 우려할 만한 문제들을 제기하고 있다는 점도 외면할 수 없다. 즉, 비정상적인 지방선거의 제도와 관행, 일부 단체장과 지방의원들의 고질적인 비리와 부패문제, 여전히 주민들의 신뢰를 못받고 있는 지방의회, 강력한 중앙집권적 제도와 관행, 형식적인 주민참여, 지방의 자치역량의 미흡 등은 지방자치가 여전히 풀지 못한 숙제로 남아 있다.

그러나 무엇보다도 현 지방자치 운영에 있어서 가장 큰 문제점은 지방자치에 대한 이해부족과 무관심 내지 불신이다. 지방자치가 지역사회에 미친 긍정적 변화와 한계, 그리고 개선점들을 주민들이 정확하게 인식할 때 비로소 지방자치가 지역사회에 정착할 수 있다. 그럼에도 불구하고, 지방자치는 아직도 주민들에 의해 제대로 체감되지 못하고 있는 것이다. 따라서 지난 25년의 지방자치를 어떻게 인식하고 평가하느냐에 따라 주민들이 지방자치와 분권을 보는 시각이 달라질 것이고 향후의 미래 방향과 내용을 좌우하게 될 것이다.

'자치펀치'를 통한 저자의 강의도 이러한 목적을 가지고 주민들을 대상으로 한 것이다. 교수로서 아무리 지방자치 관련 정책을 연구해서 강의한다 해도 국민들과 소통해서 공감대를 형성하지 않으면 정책도 성공하지 못할 뿐만 아니라, 교수로서의 연구와 강의의 의미도 없다는 사실을 절감했기 때문이다. 그동안 27번의 강의를 통해 시청자들과 함께 소통했던 내용들은 대체로 우리가 맞이할 미래 환경의 변화가 어떻게 전개될 것인가, 그 미래에 적응하고 대처하기 위해서 국가과 정부, 지역과 우리 국민이 어떻게 달라져야 하는 것인가, 그렇게 달라지기 위해서 필요한 혁신과 개혁의 과제는 무엇이고, 우리의 자세와 전략은 어떠해야 하는지에 관한 것이다.

이 책의 발간을 계기로 그동안 '자치펀치'에 보내준 시청자들의 큰 관심과 성원에 감사드리고, 이 책과의 소통을 통해 다시 한 번 지방자치에 대한 이해와 인식의 폭과 깊이가 더 넓고 깊게 나타나길 바란다. 그리고 앞으로 다시 재개할 유튜브 강의에서 또 만나길 기대한다.

이 책이 출간되기까지 많은 분들의 도움과 지원이 있었다. 우선, '자치펀치'의 기회를 만들어 주신 ≪디트뉴스24≫ 류호진 사장님과 이지수 부장님, 그리고 촬영팀들의 노고에 감사드린다. 대전시 임건묵 선생과 임재룡 속기담당께도 고마운 말씀을 드린다. 그리고 이 책의 출간을 기꺼이 허락해 준 대영문화사 임춘환 사장님과 관계자 여러분들께도 깊은 감사들 드린다.

끝으로, 이 책을 통해 "지방자치가 살아야 지역이 살고, 지역이 살아야 대한민국이 산다."는 저자의 신념을 모두 함께 나누길 진심으로 바란다.

2016년 8월 무더운 날에,
충남대 연구실에서 저자 씀

차 례

제 2 편 지방자치와 국가 · 지역발전

제 3 편 지방자치와 지방행정 · 교육

제 1 편

지방환경변화와 지방자치

제 1 강 강의를 시작하며

여러분 안녕하십니까? 육동일의 '자치펀치'로 여러분들을 새롭게 만나게 되었습니다.

저는 충남대학교에 재직하고 있는 육동일 교수라고 합니다. 올해는 우리 충남대학교 강단에 선 지 30년이 되었습니다. 그동안에 저는 주로 지방자치 분야, 그리고 지역발전 분야에 대해 연구와 강의를 해 왔습니다.

간단히 저를 소개해 보면, 저는 충북 옥천에서 태어나서 이곳 대전에서 대전중앙초등학교, 대전중학교를 졸업하고, 서울로 고등학교 때 유학을 가서 경기고등학교, 연세대학교 행정학과, 그리고 군에 갔다가 미국 뉴해븐대(University of New Haven) 경영대학원과 컬럼비아대(Columbia University) 국제 및 정책대학원에 유학을 가서 공부를 마친

후 이곳 충남대학교에 교수로 오게 되었습니다.

지난 30년이 너무 빨리 지났습니다. 그래서 저는 요즈음 지난 30년 동안에 제가 뭐를 가르치려고 했는지, 또 제가 추구했던 교육의 목표가 무엇인지, 이런 부분에 대해서 다시 생각을 하고 있습니다. 그래서 최종적으로 정리해 보면, 제가 그동안 학생이나 매스컴을 통해서 많은 분들에게 제가 가지고 있는 지식과 정보와, 또는 지혜를 전달하고자 했던 것은 바로 우리 지역주민들의 행복한 삶과 지역의 발전이라고 정리를 하게 되었습니다.

그래서 저는 학생들에게 행복한 삶을 위해서는 좋은 직장에 취직하고 무슨 판·검사가 되는 것은 우리가 의미 있는 삶, 행복한 삶을 살기 위한 수단에 불과하고, 그것을 이루어내는 우리들의 삶이 어떤 삶이어야 되는가가 중요한데, 저는 그것을 세 가지로 정리를 해서 가르쳐왔다고 생각합니다.

첫 번째는 사랑이라고 생각을 합니다. 여기에는 국가에 대한 사랑, 지역에 대한 사랑, 자연에 대한 사랑, 그리고 인간에 대한 사랑 이런 것들에 대해서 사랑을 우리가 느낄 때 행복한 삶이 될 수 있다고 봅니다.

두 번째는 겸손이라고 생각합니다. 우리가 많은 지식과 지혜를 얻을수록 너무나 진리에 도달하기 어렵다는 것을 깨닫기 때문에 겸손해지는 것이라고 봅니다. 즉, 우리가 배울수록 겸손해진다는 것입니다. 또한 겸손할 수 있는 것은 배운 사람들만의 용기이고 특권이라고 생각해서 가르쳤습니다.

마지막은 열정입니다. 삶에 대한 열정을 말하는 것입니다. 그래서 목표를 가지고 열심히 도전하고 성취해가는 과정에서 필요한 그러한 겸손과 사랑과 열정을 저는 그동안 지난 30년 동안에 가르쳐왔다고 자부를 합니다.

그래서 저는 '자치펀치'를 통해서 앞으로 여러분들과 같이 우리 지역에 관한 이야기도 나누고 싶고, 지역을 이야기하다 보면 지방자치나 지역분권에 대해서도 나아가 여러분과 공감을 갖는 그런 이야기를 나누고 싶습니다. 저는 제 연구실이나 학교에 머무르지 않고 그동안 매스컴 활동도 하고, 신문이나 언론기관에 글도 게재하고, 같이 TV 토론도 하고, 사회자의 역할도 해보고 그렇게 해서 꾸준히 지역사회나 현실세계와 접촉을 해왔습니다.

그래서 지역 또는 국가의 현안 문제에 관해서도 여러분들과 같이 이야기를 나눴으면 하는 생각을 갖고 있습니다. 교수가 아무리 정책을 연구해서 개발한다고 해도 이제는 국민과 사회와 소통해서 그것이 현실 적합성을 갖도록 하지 않으면, 정책도 성공하지 못할 뿐만 아니라 교수로서의 연구도 의미가 없다고 보고 있기 때문입니다.

따라서 앞으로 시청자들의 이야기도 들을 수 있으면 듣고, 시청자들께서 가장 궁금하게 생각하고 또 관심있는 분야와 이슈들을 잘 설정을 해서 제 생각을 이야기하고, 거기에 대한 평가나 의견을 나눔으로써 쌍방향적인 소통과 공감의 시간을 가졌으면 하는 생각이 듭니다.

특히, '자치펀치'를 통해서 저는 시청자들과 우선 나누고 싶은 소재는 크게 봐서는 우리들이 접하게 될 미래가 어떻게 전개될 것인가? 그리고 우리 국가사회와 우리 삶의 미래가 앞으로 어떻게 달라질 것인가? 미래는 어떤 환경의 변화가 이루어질 것인가? 이러한 미래에 대한 이야기를 나누고 싶습니다. 나아가 그런 미래를 전망하고, 미래에 적응하고 또 미래를 우리가 개척하기 위해서는 모든 것이 달라져야 됩니다. 국가도 달라지고 정부도 달라지고 지역도 달라지고 우리 개인의 삶도 달라지고, 그래서 그렇게 달라지기 위해서 필요한 혁신과 개혁에 대해서 이야기를 나누고 싶습니다.

그 다음은 잘 알고 있겠지만, 우리나라의 여러 문제 중에서 수도권과 비수도권 간의 격차 문제, 중앙과 지방 간의 불균형 문제가 대단히 심각합니다. 저는 지방의 대학에 몸담고 있고, 또 지역에서 활동하는 입장에서 중앙에 비해서 지방, 수도권에 비해서 비수도권이 갖고 있는 고민이나 문제점에 대해서 이야기를 하면서 그 해결방안을 찾아보려고 합니다.

그러한 자치와 분권, 균형발전 이러한 부분도 제 의견을 제시해서 같은 지방에 있는 많은 분들과 함께 공감대를 형성하고, 같이 힘을 모아서 이러한 문제를 시정하는 데 일조를 할까 생각하고 있습니다.

아무튼, '자치편치'라는 새로운 팟캐스트 프로그램을 통해서 여러분들을 만나게 되었지만, 제 자신은 많은 준비와 또 많은 생각들을 해서 여러분들 앞에 제 자신과 제가 갖고 있는 생각을 내놓겠습니다. 앞으로 시청자 여러분들께서 많이 관심을 가져 주시고 동참해 주신다면 좋은 프로그램, 그리고 관심 있는 많은 분들이 지켜보는 좋은 토크쇼가 되지 않을까 생각을 합니다.

저도 이런 개인적인 방송을 처음 하기 때문에 다소 부담스럽고 어색하기도 하지만, 앞으로 다양한 방법을 통해서 제 이야기도 하고, 또 좋은 분들의 글이나 생각도 전해드리면서 같이 이야기를 나눠보고, 그런 다양한 방식으로 여러분들을 만나고자 합니다.

아무튼, 다시 한 번 이렇게 만나게 되서 대단히 반갑고, 이 토크쇼를 통해서 앞으로 더 가까운 관계가 되기를 진심으로 바랍니다. 아무튼, 자주 만나도록 하겠습니다.

감사합니다.

제 2 강 지방자치 부활 20년 의미와 성과

오늘은 지방자치와 분권에 관한 또는 지역균형에 관한 지금 지방에서 정말 제일 관심사가 되는 이 부분에 대해서 이야기를 시작하려고 합니다.

그런데 보시는 바와 같이, 지금 여기 책상에 빨간 복싱 글러브가 놓여 있습니다. 아마 기억하실 것입니다. 지난 2015년 5월 3일이었나요? 세기의 대결, 즉 필리핀의 복싱 영웅 매니 파퀴아오(Many Pacquiao), 8체급을 석권한 필리핀의 영웅입니다.

또 이에 도전했던 플로이드 메이웨더(Floyd Mayweather)는 5체급을 석권했고, 무패기록을 가지고 있는 이 두 사람이 복싱에 세기의 대결을 했지만 "소문난 잔치에 먹을 것이 없다."고 복싱 경기 자체는 재미가 없었습니다.

물론 메이웨더가 싱겁게 이겼습니다. 그 경기를 지켜보면서 그때 세기의 대결에 싱겁게 끝난 그런 경기와는 달리 '자치펀치' 우리 시청자들과 함께 오늘 저는 화끈하게 글러브를 끼고 이제 반자치적이고, 반지방적인, 반분권적인 그러한 우리 상대방에 대해서 강력한 펀치를 날리려고 합니다. 때로는 저는 그동안에는 주로 아웃복싱을 했다고 본다면, 지금부터는 인파이팅도 불사해서 '자치펀치'를 정말 화끈한 경기로 운영을 하려고 합니다.

잘 알고 있는 바와 같이, 2015년 올해가 광복 70주년입니다. 이제 8월 15일이면 대한민국이 해방된 지 만 70주년이 되는 아주 뜻깊은 해입니다. 반면에, 또 하나의 뜻깊은 기념일은 이미 지났지만, 지난 7월 1일은 지방자치가 부활한 지 20주년이 되는 뜻깊은 날이었습니다. 지방의회가 부활한 것은 1991년입니다. 1961년에 5·16 군사쿠데타에 의해서 중단이 되었다가 30년 만에, 지난 1991년에 지방의회가 부활이 되었고요. 그 후 1995년에 이제 우리 손으로 단체장을 뽑았기 때문에 민선자치가 부활된 것은 20주년입니다.

지난 20년을 뒤돌아보면, 지방자치가 사실 우리 국민들 시선에는 상당히 불신이라고 할까 또는 무관심으로 비춰진 측면이 있습니다. 그러나 지방자치 20년을 좀 더 냉정하게 평가해보면 성과도 있었고 문제점도 있었습니다.

우선, 성과를 먼저 이야기하면, 지난 20년 우리 국민들의 피부에 체감되지는 않았지만, 중요한 성과를 두 가지만 꼽으라고 한다면, 첫 번째 성과는 지방자치가 부활해서 우리 지역주민이 주인이 되기 시작했다는 사실입니다. 그러니까 그 이전에는 우리 지역주민들은 항상 관

(官)의 지배를 받는 통치의 대상 그런 위상과 역할에 불과했습니다. 그런데 지방자치가 실시됨으로써 지역주민이 진정한 주인이 되기 시작했다는 점입니다. 이것은 지금 우리 시각에서 보면 당연히 상식적인 일이지만 혁명적인 변화입니다.

비로소 주인이 됨으로써 우리 지역주민들이 유권자로서의 역할도 하고, 또 관의 고객과 소비자로서의 역할도 하게 되고, 또 주인으로서 우리가 올바른 여러 가지 행사를 하게 된 것입니다. 물론 아직은 완전한 주인은 아니지만, 주인이 되기 시작한 위상과 지위를 갖게 되었다고 하는 것은 아주 커다란 지방자치의 성과라고 볼 수 있습니다.

두 번째 성과도 역시 이것이 대단한 성과인데 우리 국민들의 피부에는 체감이 되지 않고 있습니다. 지난 20년 동안에 우리 국가사회가 엄청난 혼란과 위기가 있었거든요. 예컨대, 안보적으로도 우리가 남북간 대치상황에서 북핵 위기, 북한핵실험, 천안함 피격, 그리고 연평도 포격 이런 국가안보 위기적인 상황이 있었음에도 우리가 슬기롭게 이것을 극복해 왔습니다. 또 경제위기도 심각했거든요. IMF다, 외환위기다 해서 특히, 서민들을 중심으로 해서 굉장히 어려운 경제적인 위기나 이런 힘든 과정을 우리가 슬기롭게 극복해 가고 있습니다.

뿐만 아니라 정치적인 혼란도 대단했거든요. 우리 대통령이 탄핵되기도 했고 대통령이 자살하기도 했습니다. 또 정치적인 혼란과 대립이 극심했거든요. 그럼에도 불구하고 그러한 혼란과 위기 속에서도 평화적으로 정권을 교체했습니다. 여당과 야당 간에도 정권교체를 했습니다. 또 여당과 여당 간에도 선거를 통해서, 그러니까 우리가 총칼을 들지 않고 선거를 통해서 평화적으로 정권교체를 한 것은 대단한 정치발전입니다.

왜냐하면, 여러분들이 몇 년 전에 지켜본 아프리카의 재스민 혁명(Jasmine Revolution)이라는 것을 보셨지 않습니까? 튀니지라든지, 이집트라든지 리비아 이런 나라들이 석유를 통해서 많은 돈을 축적을 하고 생활수준은 높아졌는지 모르지만, 절대 권력자들이 독재를 했지 않습니까? 카다피(M. Gaddafi)라든지, 무바라크(H. Mubarak)라든지 이런 독재자들이 장기집권을 했기 때문에 민주주의 혁명이 일어나면서 급격하게 체제가 붕괴되거나 비참한 독재자의 말로를 우리가 TV를 통해서 지켜봤습니다.

이와 같이 경제가 성장한다고 해서 저절로 민주주의가 발전하는 것은 아닙니다. 민주주의는 대단한 국민들의 의식수준과 노력에 의해서 또 이렇게 스킵(skip)이라고 할까 건너뛰지 않고 민주주의가 이루어지는 것입니다.

그런 점에서 우리가 평화적 정권교체를 했다는 것은 대단히 큰 의미가 있습니다. 우리나라는 유일하게 산업화와 민주화를 동시에 짧은 기간에 성공시켜 가고 있는 유일한 국가입니다. 그렇기 때문에 세계적으로 찬사를 받고 있고, 또 부러움의 대상이 되고 있는 것입니다.

이와 같이 안보적인 위기, 정치적인 혼란, 그리고 경제적인 어려움 속에서도 우리가 평화적인 정권교체를 이룩하면서 산업화·민주화로 나갈 수 있는 계기가 된 제도가 바로 지방자치 제도입니다.

이와 같이 지방자치 제도는 다소 민주적인 비용이 들어가고, 외견상 혼란과 위기같이 보일 수 있지만, 또 비효율적으로 보일 수도 있지만 이와 같이 민주주의를 위한 토대가 되기 때문에 평화적 정권교체와 지역주민이 주인이 되는 그러한 민주주주의의 기본적인 원리들을 달성할 수 있게 됩니다.

따라서 지방자치를 하는 이유가 바로 거기에 있는 것입니다. 다시 말해서, 중앙정국의 혼란과 위기를 차단하거나 최소화해서 지방이 안정을 유지하면서 발전할 수 있도록 하는 그런 것을 위해서 지방자치를 하는 당위성이 있는 것입니다. 그래서 저는 지난 20년의 우리 지방자치는 들어가는 비용 이상의 이득을 나타낸 굉장히 큰 성과가 있었다고 봅니다.

그런 점에서 지난 20년 전에 우리 국민들이 지방자치를 부활시킨 것은 대단히 탁월한 선택이고 결단이었습니다. 그런 점에서 저는 지방자치 20년을 우선 성과 면에서 높이 평가를 합니다.

그렇지만 그러한 성과만 우리가 즐기고 만족할 것이 아니라 지난 20년의 지방자치는 또 우리에게 많은 숙제를 남겨줬습니다. 지방자치를 한다고 해서 "저절로 모든 것이 해결되거나 만능적으로 사회가 발전하는 것은 아니다."라는 사실도 우리가 이제 지난 20년을 통해서 깨닫게 되었습니다.

왜냐하면, 지방자치를 제대로 하려면 우리 국민들이 직접 자치를 할 수도 있고, 우리가 대표를 뽑아서 자치를 시킬 수도 있습니다. 그것이 바로 우리 손으로 단체장, 시장·군수·구청장, 도시자·광역시장들을 우리 손으로 선거를 통해서 뽑는 것입니다. 또 우리가 그러한 단체장에 의해서 구성된 집행기관을 잘 견제시키기 위해서 우리 손으로 지방의원들을 뽑아서 지방의회를 만들어 놓은 것이 지방자치 제도입니다.

그런데 문제는 우리 지방선거가 제대로 실시가 안 되다보니 지난 여섯 번의 지방선거를 치렀지만 어떻게 되었습니까? 지방선거에 돈이 많이 들어갔습니다. 그 돈은 다 우리 주민들의 주머니에서 나간 것입니다. 또 선거가 공정하고 민주적으로 치러지지 않았기 때문에, 올바른 대표를 우리가 선출하지 못해서 선거가 끝난 후에 실망하고 또 잘못 뽑았다고 후회하는 것이 되풀이되고 있습니다.

그렇게 된 이유는 근본적으로 여러 가지 문제가 있지만, 첫 번째는 정당공천제 문제가 아직 정착이 안 되어 있어서 그렇습니다. 우리는 지금 여러 개의 선거를 한날 한시에 치릅니다. 광역, 기초 또 정당에 대한 투표를 해서 1인 8표제 또는 1인 7표제를 했는데, 거기에 전부 정당이 깊숙이 개입이 되어 있거든요. 그런데 정당이 개입을 하다보니까 지방선거가 중앙정치에 종속이 되거나 정당이 제대로 공천을 안 하거나 또는 공천에서 많은 비리와 부정이 개입을 하게 되었습니다.

이제 그 부분이 앞으로 우리가 펀치 글러브를 끼고 잘못된 지방선거, 잘못된 공천을 펀치로 날려야 하는 그러한 숙제가 남겨져 있습니다. 그래서 선거 문제가 여전히 해결이 안 되어 있습니다.

두 번째는 지방자치가 여전히 낭비적이고 비효율적이고 부패가 척결이 안 되어 있습니다. 거기에는 선거에서 비롯된 문제도 있지만, 아직도 지방자치가 이렇게 마치 독립된 왕국같이 운영이 되어서 비효율적이기 때문입니다.

말하자면, 지금 우리나라에는 243개의 지방자치단체가 있습니다. 17개의 광역자치단체, 그리고 226개의 기초자치단체, 시·군·구가 있습니다. 그런데 이 자치단체가 전부 저마다 따로 행사해야 하고, 따로 시설도 만들어야 하고, 이런 협력적이지 않은 그런 지방자치를 하기 때문에 굉장히 낭비와 비효율이 대단히 심각하다고 봅니다. 이제 그런 점에서 앞으로 우리 지방자치를 어떻게 하면 효율적으로, 즉 적은 돈을 들여서 좋은 성과를 내는 숙제를 안고 있습니다. 즉, 우리 모두가 글러브를 끼고 비효율에 대해서 펀치를 날려야 되는 그런 숙제가 남아 있습니다.

그리고 세 번째는 더 중요한 것인데요. 우리 지역주민들이 지방자치에 대해서 무관심합니다. 우리 지역 지방자치를 위해서 과연 대표가 누가 선출이 되어 있는지, 그들이 우리를 대신해서 일을 잘하고 있는지 하는 부분에 대해서 선거 때는 뽑아놓았는데 그 외에는 관심이 없습니다.

또 우리가 낸 세금이 어떻게 쓰이는지에 대해서도 별로 관심을 갖고 있지 않다는 말이지요. 그런 점에서 지방자치에 대한 우리 국민들, 주민들의 무관심은 앞에서 이야기한 부패와 비리를 가져오는 요인이 되고 있고, 또 낭비와 비효율을 가져올 수 있는, 우리가 감시를 소홀히 하기 때문에 가져올 수 있는 요인이 되고 있습니다.

주민들의 무관심보다도 차라리 불신하는 것은 괜찮습니다. 우리가 부부지간에도 싸움을 하고 불신을 하고, 싸움을 해서 화해를 하면 좋은데, 무관심이라는 것이 더 나쁜 것입니다. 무관심하면 오히려 화해할 수 있는 근거조차 없다고 볼 수 있습니다. 따라서 우리가 앞으로 주민들의 무관심도 제대로 된 펀치를 통해서 날리는 그러한 숙제를 남겨놓고 있습니다.

오늘은 지방자치 20년에 대해서 그 공과를 한번 짚어보고, 앞으로 우리가 더 세부적으로 사안별로 가지고 있는 문제점 또 우리가 날려야 될 펀치 이런 부분에 대해서 우리 시청자들과 함께 차분하게 짚어보는 시간이었다고 생각을 합니다. 오늘 육동일의 '자치펀치'는 여기에서 마치겠습니다.

감사합니다.

제 3 강 북한사태로 본 통일 대박론

육동일의 '자치펀치', 오늘은 남북 문제에 대해서 이야기를 나누고 싶습니다.

잘 알려진 바와 같이 지금 남북 간에는 일촉즉발의 대치상황이 지속되고 있습니다. 지금 고위급 회담이 판문점에서 열리고 있다고 하지만, 우리 국민들은 지금 그 회담내용의 결과를 지켜보고 있습니다. 저는 이번에 목함지뢰 사건에서 비롯된 일련의 남북 간의 대치상황을 보면서 몇 가지 사실을 확인할 수 있었습니다.

첫 번째는 우리가 대북 확성기를 통해서 대북 심리전이라고 하고 있는 이 상황을 북한이 대단히 부담스러워한다는 사실입니다. 이 부분에 북한의 아킬레스건이 있는 것이 아닌가 이런 생각을 확인할 수 있었습니다. 어쩌면 그것은 북한이 가지고 있는 내부 모순, 내부 취약한 체제 문제에서 비롯된 것이 아닌가 하는 생각이 듭니다.

예를 들어서, 북한이 우리 대한민국과 비교해서 엄격한 국력의 차이가 확인이 될 수 있는 것입니다. 또 김정은이 세습을 했지만 3대 세습에서 비롯된 체제의 불안정이 아직은 뿌리를 내리지 못한 것이 아닌가 하는 생각이 들어서, 아마 대북 확성기 문제에 대해서 북한이 굉장히 거부감을 가지고 또 남북회담에서 큰 이슈로 삼고 있는 것 같습니다.

두 번째는 이번에 일련의 사태를 지켜보면서 저는 우리 대한민국 국민들이 굉장히 성숙해졌다고 평가합니다. 지금 북한이 노리는 전략은 크게 세 가지입니다. 하나는 남북의 혼란을 가중시켜서 남남 간의 갈등을 일으키려고 하는 것이 저들의 속셈이라고 볼 수 있습니다.

그래서 만일 우리 국민들이 전쟁 공포 속에 사재기를 한다든지, 내부적인 혼란 또는 우리끼리의 어떤 갈등을 일으킨다면 그것은 북한이 노리는 바입니다. 그래서 전쟁을 하고 말고를 떠나서 남한이 굉장히 혼란과 위기에 빠져들 수 있는데, 우리 국민들이 그만큼 성숙한 의식을 가지고 의연하게 남북상황을 지켜보고 있다고 생각합니다.

그것은 북한이 취하고 있는 전략과 전술에 상당한 차질을 빚는 대처라 볼 수 있습니다. 그리고 지난 시간에 이야기한 바와 같이, 그렇게 우리가 안정을 유지할 수 있는 것은 우리가 지방자치를 통해서 정국이 상당히 안정이 될 수 있었다는 것도 하나의 토대, 기여라고 볼 수 있습니다.

또 하나는 북한은 화전양면전술(和戰兩面戰術)을 가지고 있습니다. 하나는 전쟁을 일으키겠다는 이른바 준전시상태까지 가져가면서 전쟁도 불사하겠다는 하나의 전략, 동시에 화해적인 제스처로 대화를 하겠다는 그런 두 가지 양면 전략을 하고 있는 것에 대해서도 우리 국가와 우리 정부와 우리 국민들이 차분하게 대처하고 있다는 것입니다.

세 번째는 통미봉남(通美封南)이라고 할까요, 저들은 우리를 제쳐두고 미국하고 항상 협상을 하려고 하고, 또 거래를 하려고 하는 이러한 상황을 우리 한·미 간에 공고한 안보 전략을 가지고 대처하기 때문에, 저들에게 상당한 어려움을 주고 있는 것이 아닌가 이런 생각이 듭니다.

그래서 저는 남북의 대치상황이 어찌되었든 우리의 의지와 우리의 각오에 따라서 잘 정리될 것으로 보고 있습니다. 저는 여기에서, 다만 이 대치상황에서 우리가 벗어나는 것도 중요하지만, 이 기회에 남북 간의 통일 문제를 우리가 한 번 적극적으로 생각할 때가 되었다고 판단하고 있습니다.

또 남북의 통일 문제에 대한 확고한 우리의 의지가 있을 때 비로소 이러한 남북대치상황도 더 적극적으로 슬기롭게 극복할 수 있다고 생각이 됩니다. 그래서 저는 오늘 남북의 통일 문제, 그리고 통일을 위해서 우리가 해야 할 자세 또는 '자치편치'와 관련되어서 통일에 지방자치는 또 어떤 관련성이 있는가 이런 문제를 잠시 짚어보고자 합니다.

저는 이제 여러분과 같이 몇 번에 걸쳐서 이야기를 나누고 또 제가 연구하고 생각한 것을 전달하고 싶은 내용이 바로 이 통일에 대한 과제, 그리고 우리의 준비, 지방자치와의 관계입니다. 그리고 또 한편으로는 통일과도 관련이 있지만, 국가를 개조, 국가를 혁신시키기 위해서 우리는 어떤 과제와 어떤 준비가 필요한가 하는 내용들입니다.

오늘은 몇 가지만 발췌해서 이야기하고 싶습니다.

우리가 이런 남북대치상황을 비롯해서 통일에 대해서 우리들이 어떠한 생각을 가지고 있는가, 이 부분이 통일과업을 완수하기 위한 대단히 중요한 전제조건입니다. 말하자면, 통일에는 통일에 대한 비용, 통일에 대한 전략, 통일에 대한 여러 가지 과제들이 있겠지만, 가장 선행되어야 할 또 짚어봐야 할 첫 번째 전제조건은 통일에 대한 우리들의 생각과 의지입니다.

예를 들어서, 통일을 우리가 꼭 해야 되는지, 또는 한다면 언제 해야 되는지, 또 누가 주최해야 하는지 이런 것에 대한 생각들을 우리가 모으고 또 생각을 나누고 그렇게 해서 공감대를 형성하는 것이 가장 중요하다고 볼 수 있습니다.

북한 정권은 줄곧 해서 무력통일론을 가지고 대남전략을 해왔습니다. 그런 차원에서 연방제도 주장을 했다가 2000년대 이후에는 2체제 2정부의 통일방안을 가지고 있습니다. 북한 정권이 이렇게 전략 전술의 변화 속에서도 저들이 원하는 한 가지 목적은 통일보다는 분단의 유지를 원한다는 사실입니다. 그래서 북한 당국의 말은 늘 통일을 주장하지만 자기네들의 방식의 통일이 아니면 분단을 고착화하려고 하는 그러한 생각에는 변함이 없습니다. 3대 세습체제가 진행이 되어도, 이런 것을 읽을 수가 있습니다.

반면에, 우리는 통일의 방식이 가급적이면 우리 남한체제로의 통일, 다시 말해서 점진적인 합의통일로 가든지, 아니면 북한의 급변한 사태 이후에도 남쪽에 흡수하는 통일의 방식을 지향한다고 볼 수 있습니다.

그런데 지난번 박근혜 대통령도 “통일은 대박이다.”라고 했습니다. 또 우리가 2015년인 올해가 광복 70주년이지만, “진정한 광복은 통일이 되어야 이루어진다.” 이런 우리의 생각도 가지고 있습니다. 아무튼, 통일은 대박일 수 있습니다. 그러나 저절로 대박이 되는 것은 아니고, 우리가 통일을 철저히 준비하고 또 여러 과제를 풀어갈 때 대박이 될 수 있다고 볼 수 있습니다.

지금 우리 국민들의 통일의식 여론조사들을 보면, 작년에 했던 의식조사에서 우리 국민들이 통일의 이익보다 비용이 더 크다고 생각하는 국민이 절반가량이 됩니다. 그러니까 다시 말해서, 통일은 많은 비용이 들고 또 통일이 가져오는 성과가 비용보다 크지 않을 것이고, 이렇게 부정적으로 생각하는 견해가 통일에 걸림돌이 될 수 있다고 보는 것입니다.

탈북자들을 대상으로 해서 통일에 대한 여론조사 결과를 보면 아주 흥미로운 결과가 있는데요. 탈북자들의 경우에 북한주민들은 통일을 절대적으로 원한답니다. 4분의 3 이상, 75% 이상이 통일을 원하고 있고, 또 반면에 우리 국민들은 통일에 대해서 상당히 어떻게 보면 소극적으로 나타나고 있습니다. 그래서 통일을 원치 않는 국민들도 상당히 증가하고 있다는 사실에서 문제의 심각성이 있습니다.

관련 자료들을 살펴보면, 우리가 20년 전인 1990년대에는 통일을 원하는 국민들의 생각이 한 80%쯤 되었습니다. 그런데 20년 후가 된 현재에는 통일을 원하는 국민들은 반으로 줄었고, 오히려 분단이 유지되어야 된다는 의견이 두 배로 늘어났다는 사실입니다. 그러니까 우리가 이와 같은 통일을 원하는 의지보다 분단을 유지하고자 하는 생각이 많아지면 많아질수록 오늘날 이와 같은 남북대치상황은 더 계속될 수밖에 없다는 사실을 저는 강조하고 싶은 내용입니다.

아무튼, 우리가 통일이 되면, 대박같이 핑크빛 미래를 이야기하는 것만이 아니라, 외국의 학자들 또는 우리 국내의 유수한 전문기관에서 나온 자료에서 보듯이, 통일이 되면 분명히 우리 한반도가 달라지는 것은 틀림없는 사실입니다.

예컨대, 통일이 되면 우선 국가의 신용등급이 영국과 프랑스, 홍콩 수준으로 'AA^{+}' 수준으로 두 단계 이상 상승한다고 합니다. 국가신용도가 올라가는 그런 효과가 나타난다는 것이 이러한 전문가들의 분석입니다. 또 통일이 되면 우리가 전쟁위험이 해소되기 때문에, 이자율이 상당히 떨어져서 외국에 갚아야 될 외채이자도 상당히 줄어든다는 것입니다. 왜냐하면, 신용도가 올라가기 때문입니다.

또 지금 우리는 남북대치상황에서 엄청난 국방비를 씁니다. 그런데 만일 통일이 되면 국방비가 20년 동안 400조 원이 절감이 된다고 합니다. 그리고 남북 간에 대치하고 있는 183만 명 이상의 군 병력이 50만 명으로 축소됩니다. 지금 북한도 주요 군 병력을 모두 휴전선에 집결시키고 있고, 우리도 집결시켜서 지금 전쟁위기가 최고조에 이르고 있지 않습니까?

그런데 통일이 되면 그런 위기가 해소되니까 우리 군을 유지하기 위한 부담이 상당히 줄어들게 됩니다. 반면에, 군사력을 유지하는 것보다는 경제에 치중할 수 있기 때문에 한·중·일이 다 같이 국방비를 절약하고 경제에 몰두할 수가 있습니다.

그러니까 남북통일의 문제는 단순히 남북 간에 나타나는 성과만이 아니라, 한·중·일이 다 같이 국방비를 줄이게 되고 경제에 전념할 수 있습니다. 그래서 동북아의 평화가 유지되고 또 동북아의 번영도 기약할 수 있는 그런 효과가 있을 수 있습니다. 그리고 좀 더 구체적으로 보면, 우리가 지금 현재 대한민국이 이념 간의 갈등 문제 또 경제 저성장, 양극화 문제, 청년실업 문제가 심각하지 않습니까?

그런데 통일이 되면 이런 문제를 해소화하는 데 물꼬가 터지게 됩니다. 이념 문제에서도 우리가 벗어나게 되고 또 청년들의 일자리가 그만큼 늘어납니다. 통일 일꾼들을 많이 만들어내면 청년실업률도 해소가 됨으로써 경제가 성장국면으로 접어들게 되는 그러한 이점이 있습니다. 그리고 북한에도 인프라 수요가 급증하고 투자가 이루어지기 때문에 북한에도 상당한 경제적인 효과가 생기게 됩니다.

지금은 남북 간에 국력의 차이가 한 40배 정도 됩니다. 1인당 국민소득만 해도 우리가 지금 2만 8천 달러 정도 되는데, 북한은 우리의 20분의 1밖에 안 됩니다. 그래서 누구나 다 같이 전쟁이 일어나면 국력의 차이로 인해서 전쟁은 게임이 안 된다고 이야기를 합니다. 그런 우리가 우월적인 입장에 있긴 하지만, 전쟁이라는 것은 반드시 국력만 가지고 하는 것은 아니니까, 그러한 국력을 바탕으로 한 우리의 의지, 우리의 자세 또 우리의 통합된 의견 이런 부분이 같이 조화를 이루어야 합니다.

그래서 종합적으로 보면, 남북대치상황에서 2030년에 1인당 GDP가 3만 5천 달러를 넘게 됩니다. 또 2050년이 되면 8만 달러가 되기 때문에 우리나라 세계경제력이 4위가 되고, 남북한 인구는 8천만 명을 넘어서게 됩니다. 이는 엄청난 통일의 미래비전과 성과라고 할 수 있습니다. 또 북한도 10%대 고속성장을 하기 때문에 35년 뒤에는 GDP가 110배로 증가한다는 것입니다. 그러니까 북한도 잘 살게 되는 것입니다.

북한에 자원이 많기 때문에 자원이 개발되면 우리가 자원강국도 될 수 있습니다. 또 최근에 신 실크로드(silk road) 이야기가 나왔지만, 통일이 되면 서울에서 베이징까지 고속철로 4시간 내로 가고, 유럽까지 철도가 연결이 되면 화물수송도 절반으로 단축이 되고, 이렇게 해서 세계경제에 대한 대단한 경제적 효과, 즉 세계경제에도 크게 기여를 하게 된다는 것입니다.

그리고 그것은 단순히 경제만이 아니라 관광·문화 등에서도 획기적인 변화가 일어나서, 통일 대한민국이 관광대국·문화대국이 될 수 있다는 내용들이 보고서를 통해서 연구가 되고 있습니다. 북한도 이와 같이 주요 도시의 산업입지경쟁력이 강화될 수 있다고 보고 있습니다. 이렇게 중국이나 러시아도 북한과 연결되어서 세계 최대 산업벨트가 만들어진다는 분석도 있습니다.

물론 통일에 대한 비용이 들어가지만, 거기에는 단기적인 비용도 들어가고, 통일과정에서도 들어가고 또 통일 이후에도 비용이 들어가는 것은 사실입니다. 독일 통일과정에서도 비용이 많이 들어갔습니다.

그래서 한때는 통일을 후회하기도 하고 또 통일을 너무 빨리 했다는 자책감도 있습니다. 그러나 우리는 독일 통일을 지켜보면서 독일의 통일비용에 비해서 우리는 절반으로, 절반 통일비용을 가지고 통일을 할 수 있다고 생각합니다. 말하자면, 독일이 약 2조 유로 가량 돈이 들었는데, 우리는 그것보다 적게 들어서 향후 20년 간 약 3,600조 원의 통일비용을 들이면 혜택은 약 6,800조 원이 나타날 수 있습니다. 이런 것이 통일에 들어가는 비용이고, 거기에는 비용에 대한 착실한 준비가 필요하다고 볼 수 있습니다.

아무튼, 통일로 인해서 우리가 혜택을 보는 세대는 아무래도 20대, 30대 세대가 됩니다. 연령이 낮아질수록 편익은 더 커지게 되어 있습니다. 그러니까 앞으로 통일이 되면 40대, 50대보다는 30대, 20대가 가장 큰 편익을 볼 수 있기 때문에, 우리 젊은 세대가 더 통일에 대해 적극적일 필요가 있다는 생각이 듭니다.

아무튼, 통일은 이와 같이 우리에게 대박이 될 수가 있습니다. 그러나 저절로 되는 것은 아니고 통일에 대한 철저한 준비, 그중에서도 제일 먼저 전제되어야 될 것은 통일에 대한 우리들의 의지와 통일에 대한 우리들의 확고한 도전의지, 그리고 확고한 우리의 통일에 대한 확신 이것이 먼저 선행이 되어야 합니다.

그런 점에서 저는 통일에 대한 자신감을 갖고 우리의 체제를 더 건강하게 만들어야 된다고 강조합니다. 우리의 시장경제, 우리의 자본주의 체제, 우리의 자유민주주의 체제, 그리고 그 체제를 지키기 위한 지방자치라는 민주적 제도를 더 건강하게 만들어서, 통일 이후에 그 체제가 한반도에서 유지될 때 우리의 통일의 성과는 극대화될 수가 있을 것입니다.

그래서 저는 오늘 남북 간에 일촉즉발의 대치상황이긴 하지만, 이 상황을 슬기롭게 극복하면서 이것을 계기로 해서 통일을 반드시 이루어야 된다는 이야기를 하고 싶습니다.

아무튼, 오늘 이 '자치펀치' 글러브를 통해서 남북분단에서 오는 서로의 대치상황을 강력한 펀치로 우리가 척결하고, 나아가서 통일에 걸림돌이 되는 여러 가지 제약 요인들을 펀치로 날려서, 우리 대한민국의 통일을 반드시 이루어내는 계기로 삼고자 하는 그런 의견을 오늘 이야기하고 싶습니다.

여러분 감사합니다.

제 4 강 실패하는 정부 관료주의, 관피아

오늘 이 시간은 정부에 대해서 한 번 이야기하겠습니다. 지난 2015년 4월, 세월호 참사로 인해서 300명이 넘는 많은 인명을 우리가 잃고 큰 슬픔에 젖었습니다. 또한 정부에 대한 질책과 비판이 쏟아진 바 있습니다.

그런가 하면 지난해도 메르스(MERS) 사태를 통해서 다시 한 번 정부의 위기관리능력을 의심하고 비판한 적이 있습니다. 이와 같이 박근혜 정부가 출범하면서 많은 사건・사고가 일어나고 있고, 또 거기에 대해서 우리 국민이 정부를 보는 시각과 눈이 많이 달라졌습니다.

저도 이 문제에 대해서 그동안 많은 연구를 해왔을 뿐만 아니라, 해외에 나가서 정부의 역할, 정부의 능력에 대해서 조금 연구를 해봤는데요. 제가 가지고 있는 책들을 살펴보면 관련된 몇 가지 책들이 있습니다.

예를 들어서, 모두 공통된 내용의 책입니다. 『왜 정부는 실패하는가(*Why Nations Fail*)』와 『정부는 왜 자주 실패하는가, 정부는 왜 자주 실수를 하는가(*Why Government Fails so Often*)』, 그리고 『국가는 이제 낡았다, 국가의 역할은 이제 더 이상 통하지 않는다(*The State is out of Date*)』 등이 있습니다. 우리말로 번역된 책으로는 『왜 정부는 하는 일마다 실패하는가』 등의 책들이 최근에 나온 책입니다.

이런 책들이 공통적으로 갖고 있는 내용을 보면 정부가 이제 그 사회, 정부가 놓여 있는 그 사회 문제를 해결하는 데 한계를 갖게 되었다는 것입니다. 그전에는 정부가 모든 문제를 해결해 나가는 아주 유능한 집단이고 안정된 집단으로 봤거든요. 그런데 우리도 경험했듯이, 재난사건이라든지 또는 다른 일반 사고라든지 국가에 여러 가지 위기상황이 발생했을 때 정부가 우리가 기대한 만큼의 역할을 못하고 있는가 하면, 이 문제를 처리하는 데도 대단히 미숙한 것을 우리가 지켜봤습니다.

그런데 이 문제는 비단 현 정부, 박근혜 정부의 문제만이 아니라, 선진국에는 오래전부터 정부가 모든 문제를 해결해 나가는 단독주체가 될 수가 없다는 생각을 했습니다. 어떻게 보면 정부는 이제 무능한 집단으로 가고 있다는 평가를 내리고 있는 것입니다.

따라서 이제 위기관리든, 아니면 경제문제든 모든 국가나 정부가 해야 될 문제를 해결해 나가는 주체가 정부만이 되어서는 안 된다는 것입니다. 이제는 오히려 우리 시민사회 다시 말해서 우리 시민들, 그리고 국민들이 그전에는 정부가 가지고 있는 역량이나 정부에 미치지 못했지만, 이제는 인터넷과 스마트폰으로 무장이 되어 굉장히 유능해졌습니다.

그리고 정부가 소유해 온 정보를 공유하고 있습니다. 시민 각자만 가지고 있는 것이 아니라, 사이버 공간에서 정보를 서로 나누고 공유하고 또 그 정보를 통해서 힘을 발휘합니다. 때로는 그 힘이 기업에게도 미치고 불매운동을 한다든지 또는 선진국의 경우에는 그 힘이 조세저항운동을 하는 것으로 나타납니다. 이러한 힘을 가진 시민들, 무장된 시민들이 등장하면서 정부가 단독으로 또는 시민들을 외면하거나 시민들의 여론을 귀담아 듣지 않고, 단독으로 하는 경우에는 정부의 정책들이 다 실패할 수밖에 없다는 것입니다.

이런 주장들과 연구들이 외국에는 이미 많이 나왔습니다. 그런데 우리나라는 최근에 그런 것들에 대한 인식이 시작된 것입니다. 그렇다고 본다면 우리는 세월호 참사라든지 메르스 사태라든지 다시는 일어나지 않아야 될 이런 사고들을 통해서 이제 정부의 역할을 새로 정립할 때가 되었다고 보기 시작했습니다.

물론 애초부터 자본주의 체제라는 것은 시장의 역할을 중시하다가 시장역할만으로 나타나는 한계와 불균형이라든지, 부의 독점이라든지 이런 문제가 생겨서 정부가 개입을 하기 시작한 것입니다. 그런데 정부가 개입하면서 나타나는 관료주의와 비능률의 문제, 그리고 관피아의 문제들이 드러나게 됨으로써 정부만으로는 이제 이 문제를 해결해서는 안 된다는 것을 깨닫기 시작했습니다. 정부가 일방적으로 해결하려고 하면 할수록 더 깊은 늪에 빠져들기 때문입니다.

따라서 이제부터 정부는 자기가 할 수 있는 중요한 역할만 하고,

그 이외에는 가급적이면 우리 시민사회 또는 시장에서 일이 이루어질 수 있도록 하고, 필요하면 같이 협력해서 할 수 있도록 해야 한다는 주장을 학자나 전문가들 또는 경험 있는 공무원들이 하고 있는 것입니다.

우리나라도 정부를 슈퍼맨(superman)으로만 보고 모든 일을 정부가 알아서 해주기를 바라는 우리들의 잘못된 인식에서 이제 벗어나서 정부와 민간, 그리고 정부도 중앙정부만이 아니라 중앙정부와 지방정부 간의 역할분담을 하고, 다시 말해서 중앙에서 지방으로 분권을 하는 동시에 정부에서 시민사회로 분권을 하는 새로운 국정관리 체제가 만들어져야 될 시점에 우리가 와 있다는 것입니다.

그런 점에서 저는 앞으로 정부의 혁신, 정부의 개조, 국정운영방식의 개혁이 필요한데, 그 개혁의 원동력은 분권과 자치여야 된다고 강조합니다. 그리고 그것에 대한 강력한 토대는 역시 우리 시민사회가 되어야 합니다.

그런 점에서 오늘 '자치펀치'를 통해서 저는 우리가 펀치로 날려야 될 것은 정부의 관료주의, 정부의 관피아입니다. 이런 것들은 우리가 강력한 펀치로 날려야 되고, 대한민국 「헌법」 제1조에도 나타났듯이 우리 "대한민국의 주권은 국민에게 있고, 모든 권력은 국민으로부터 나온다."는 정신으로 새로운 국가와 정부를 만들어내야 되겠습니다.

이상 오늘 '자치펀치'는 민주분권에 대한 국가, 정부의 개조에 대해서 이야기를 했습니다.

감사합니다.

제 5 강 21세기 지방행정의 다양한 변화

오늘은 날씨가 참 좋습니다. 하늘이 높고 시야가 좋아서 정말 전형적인 초가을이 온 것 같습니다.

사람들은 서로 약속을 어기고 또 약속을 안 지키는 일들이 비일비재하지만, 이 계절 만큼은 우리와 약속을 잘 지키는 것 같습니다. 옛말에도 "세상은 변한다. 오직 변하지 않는 것이 있다면 세상이 변한다는 사실뿐이다." 이런 말이 있습니다. 계절이 다시 변해서 이제 좋은 초가을이 왔고 추석이 가까이 와 있습니다.

오늘 '자치펀치' 이 시간에는 앞으로 우리 한국사회가 앞으로 맞이하게 될 새로운 환경의 변화, 이 변화들에 대해서 살펴보고자 합니다. 우리가 과거는 연구하고 현재를 진단하는 이유도 미래를 잘 예측을 해서 미래에 대비하고, 또 미래에 적응하고, 또 나가서 미래환경의 변화를 새롭게 우리가 창출해내는 그러한 노력의 일환으로 볼 수 있습니다.

“미래는 우리가 기다리는 것이 아니라 만들어내는 것이다.”라는 말도 있지만, 오늘 이 시간부터 몇 번에 걸쳐서 우리 한국사회가 맞이하고 있는 미래에 대한 이야기를 나눠볼까 합니다.

잘 알려진 바와 같이, 찰스 다윈(Charles Darwin)이 진화론을 우리에게 내놓은 것이 오래되었습니다. 진화론의 핵심은 다음과 같이, “망하지 않고 끝까지 생존하는 종(種)은 식물이든 동물이든 사람이든 강하고 두뇌가 좋은 종이 아니라, 변화에 잘 적응·대처하는 종이다. 이렇게 지나간 오랜 역사의 변화 속에서 끝까지 살아남은 종은 변화에 잘 적응하고 잘 대처하는 그런 종이다.”라고 연구를 한 진화론이 바로 다윈의 핵심적인 주장입니다.

그렇듯이 변화를 잘 예측하는 사람과 조직은 우리 사회과학에서도 살아남았지만, 잘못 예측한 국가, 잘못 예측한 지역, 잘못 예측한 사람은 다 실패했거나 도태되었습니다. 제가 여기 다섯 가지의 사례를 통해 예를 들어보면 다음과 같습니다.

1899년에 미국 특허청장 찰스 듀엘(Charls H. Duell)이 그 당시에 “이 세상에 발명할 수 있는 것은 모두 발명되었다.”라고 이렇게 주장을 한 바 있는데, 그 이후에도 얼마나 많은 것들이 발명이 되었습니까? 이런 특허청장의 예측은 전혀 잘못된 대표적인 사례로 남아 있습니다.

우리가 잘 아는 전화, 알렉산더 그레이엄 벨(Alexander Graham Bell)이 발명을 했지요. 벨이 전화를 발명하고 벨은 이 전화야말로 아주 획기적인 통신수단이라고 생각을 해서 그 당시에 웨스턴 유니온(Western

Union)이라는 회사를 찾아가서 "이 전화를 대량생산해서 통신수단으로 만들자."라고 제안을 했지만, 당시 웨스턴 유니온 회사는 "이 전화는 너무 결점이 많기 때문에 통신수단이 될 수 없다."라고 하면서 거부를 했습니다. 물론 이 회사도 망했지요.

텔레비전(television)도 처음 나왔을 때 마찬가지입니다. 텔레비전이 처음 나왔을 때는 1926년입니다. 20세기 폭스사 회장은 이 텔레비전이 6개월이 지나면 시장에서 없어질 것이라고 전망을 했지요. 그런데 어떻게 되었습니까? 오늘날 텔레비전은 우리의 아주 가까운 생활수단이 되었고, 텔레비전을 통해서 우리의 생활이 혁명적으로 바뀌었습니다. 물론 이 회사도 망하고 말았지요.

그런가 하면 비행기, 우리가 교통수단으로 가장 유효하게 쓰는 비행기가 오늘날에는 군사의 최첨단 무기가 되어 있지 않습니까? 그런데 제1차 세계대전 당시에는 프랑스 사령관이 "비행기가 군사적 가치가 전혀 없다."라고 예측해서 비행기의 군사적 가치를 소홀히 했습니다. 그 결과 어떻게 되었습니까? 프랑스는 제1차 세계대전에서 아주 참혹한 패전의 결과를 맞게 된 것입니다. 이와 같이 지도자나 전문가가 미래를 잘못 예측하면 그 폐해는 엄청나게 커서 그 당시의 국민들이 겪을 수 밖에 없는 것으로 나타났습니다.

마지막으로, 1977년이면 불과 얼마 안 된 시기지요. 그 당시에 이 퍼스널 컴퓨터(personal computer), 즉 개인 컴퓨터가 처음 등장했습니다. 그 당시에는 컴퓨터가 어마어마하게 산채만 했거든요. 그런데 아주 축소된 소형의 개인 컴퓨터가 개발되었습니다. 1977년 최첨단 디지털 회사가 퍼스널 컴퓨터의 발전가능성을 내다보지 못하고 대량생산의 제안을 거부했습니다. 그 결과, 이 회사도 최첨단 회사인데도 불구하고 잘못 예측한 결과로 문을 닫고 말았지요.

이와 같이 미래를 잘못 예측하게 되면 기업이든, 개인이든 또는 군인이든 이런 점에서 아주 예기치 못한 어려운 결과를 가져온다는 것입니다. 이것은 어느 분야나 마찬가지입니다. 공공분야인 우리 정부도 또 우리 지도자들도 미래를 잘못 예측하게 되면 많은 분들이 어려움을 겪게 되고 발전에 상당히 저해요인이 된다고 볼 수 있습니다.

그런 점에서 볼 때 우리가 지금 살고 있는 21세기의 우리 사회환경의 변화는 크게 달라집니다. 정확히 이분화되서 달라지는 것은 아니지만, 우리가 좀 더 과장해서 이분화한다면 우리가 살아왔던 20세기, 그리고 21세기의 16년, 앞으로 우리가 살아갈 더 많이 남아 있는 21세기의 사회가 극명하게 대비가 됩니다. 즉, 21세기에는 엄청난 변화가 일어날 것으로 전망됩니다.

예를 들어서, 우리가 지금까지 살아온 사회를 '슈퍼맨의 시대'라고 합니다. 그래서 강하고 뛰어난 초능력을 가진 그러한 리더를 우리가 존중하고, 그런 리더 밑에서 우리가 따르고 추종하고 또 그런 주종관계의 질서를 우리가 순응하고 살아왔지만, 지금은 '아바타(avatar)의 시대'로 가고 있습니다.

그래서 우리는 이제 소통과 참여, 말하자면 인간과 인간의 소통은 물론이고 자연과 인간까지도 소통하고, 또 그동안에 소외되었던 새로운 계층, 새로운 세대하고도 소통을 하는 부분이 강조되는 신질서가 나타나게 된다고 합니다.

구질서를 깨고, 창조적인 발상을 요구받는 새로운 시대로 가고 있다고 볼 수 있습니다. 지난 시대를 우리가 모든 문제를 논리적으로 분석하고 파헤치고 모방하는 이성적인 시대라고 본다면, 앞으로는 보고 느끼고 창조하는 감성의 시대로 간다고 볼 수 있습니다. 이성이 지배하는 시대에서 감성이 지배하는 시대로 가는 것이지요. 이것은 우리가 벌써 피부로 느끼고 있는 변화입니다.

그렇기 때문에 이성이 지배하는 시대에서는 '넘버 원(number one), 베스트 원(best one)'이 최고의 가치로 인정받았지만, 앞으로의 시대는 '온리 원(only one), 퍼스트 원(first one)' 그러니까 최고, 제일이기보다는 하나밖에 없는 또는 첫 번째인 것을 중시되는 그러한 시대가 되고 있습니다.

그렇기 때문에 소비를 하는 문제도 달라져서 옛날에는 품질을 가지고 이성적으로 판단해서 어떤 것이 품질이 좋고 가격경쟁력이 좋으냐의 기준으로 소비를 선택하는 이른바 '이성소비시대'라면, 앞으로는 감성적으로 이것은 내 취향에 맞는 또 나밖에 안 가지고 있는 이러한 것이 소비의 기준이 되는 '감성소비시대'가 되기 때문에, 이제는 기업도 마케팅도 달라진다고 볼 수 있습니다.

예를 든다면, 우리가 차고 있는 시계가 옛날에는 초정밀기계산업으로 평가되었습니다. 그래서 이 시계가 잘 맞고 방수가 잘되고 오래 가는 시계를 선호하는, 즉 이성으로 판단하는 시계를 선호하는 시대였습니다. 지금은 시계가 초정밀기계산업이 아니라 패션산업입니다. 그래서 우리가 이 핸드폰이 더 잘 맞는 시간을 갖고 있으니까, 이 시계는 시간이 맞고 안 맞고는 중요하지 않습니다. 오히려, 이 시계가 내 취향에 맞는가, 내 패션에 어울리는가, 또 나만 가지고 있는가, 또는 내가 좋아하는 연예인이 이 시계를 갖고 있는가 이런 것들이 소비 선택의 기준이 됩니다. 그렇기 때문에 마케팅의 혁명적인 변화가 일어나고 있다고 이렇게 볼 수 있습니다.

마지막으로, 지금의 기업이 강조한 관리방식은 생산관리, 많은 제품을 생산하고 품질이 좋은 제품을 생산하고 또 그것을 마케팅을 하는 시대였습니다. 하지만, 지금은 '윤리경영의 시대'로 간다고 합니다. 그렇기 때문에 좋은 제품보다는 기업이 이 제품을 만드는 데 있어서 사회적 기여를 하면서 법적·윤리적 책임을 다하고 있는가, 또 기업 간에 공정거래를 하면서 청소년들, 청년들의 실업 문제를 많이 해소하고 있는지 등 이러한 법적·윤리적·사회적 책임을 다하는 기업을 요즘에는 선호하는 시대로 가고 있습니다.

그래서 기업이 앞으로 살아남으려면 이윤을 극대화하고 제품의 품질을 올리는 것보다는 우리 소비자들에게 얼마만큼 윤리적·법적·환경적 책임을 다하느냐 이런 부분이 요즘에 '갑을관계'에서도 나타나고 있지 않습니까? 우리가 대한항공 사례에서도 봤고, 기타 라면회사, 우유회사에서도 소비자들을 존중하지 않거나 횡포를 하는 기업들은 이제는 도태하는 시대로 가고 있습니다.

저는 이러한 현대사회와 탈현대사회의 이분법적인 비교를 하면서, 우리가 살아야 할 앞으로의 시대는 열 가지 정도의 새로운 시대로 간다고 생각합니다. 글로벌화된 시대에 또 빈부격차도 심화되고 인구도 감소하고, 고령화, 저출산, 다민족, 다문화시대 또 민주화시대, 정보화시대, 여성이 주류화되는 시대 이런 많은 변화가 이루어지는 앞으로의 새로운 시대에 우리가 어떻게 살아남느냐가 중요합니다.

또 우리가 '자치펀치'에서 이러한 좋지 않은 변화를 우리가 펀치로 날리고, 반면에 우리가 맞이해야 할 좋은 변화를 우리가 창출해내는 그러한 미래를 만들어내기 위해서 우리 미래는 보다 더 잘 전망하고 예측하고 판단해서 올바른 방향을 찾아나가야 되겠습니다.

다음 시간부터는 좀 더 구체적으로 미래의 변화를 하나하나 살펴보면서 그 과제, 그리고 우리가 앞으로 준비해야 할 상황 등을 점검해 보는 시간을 갖도록 하겠습니다. '자치펀치' 오늘 미래사회환경의 변화와 우리들의 과제에 대해서 이야기를 했습니다.

경청해주셔서 감사합니다.

제 6 강 미래 지방자치의 변화 전망과 과제

이번 시간에는 지난번에 이야기한 바와 같이 우리 사회가 앞으로 굉장히 많은 환경의 변화를 맞이할 것입니다. 그러면 구체적으로 어떤 변화가 우리에게 밀려오고 있는가, 그것이 우리 사회에 어떤 변화를 가져오고 우리는 어떻게 대처해야 하는가 이 점에 대해서 이야기를 나누고 싶습니다.

그중에 첫 번째로 꼽을 수 있는 것이 앞으로의 인구감소와 고령화의 문제입니다. 지금 우리나라 인구는 2015년 1월 기준으로 해서, 5,100만 명이 넘었습니다. 이것은 세계 26위에 기록되는 순위입니다. 물론 잘 아시는 것과 같이, 중국이 약 13억 명을 넘고요, 인도가 약 12억 명 가까이 됩니다. 이 나라들은 굉장히 인구가 폭발적으로 늘고 있고, 북한의 인구는 2,200만 명을 넘어서 세계 50위 정도입니다. 그래서 앞으로 남북한이 통일이 되면 7,000만 명이 넘기 때문에 세계 18위의 인구규모가 될 것입니다.

인구는 이제는 국가경쟁력입니다. 옛날에 우리가 못살 때는 인구를 줄이려고 했지요. 그 이유는 가난하기 때문에, 인구를 줄여야 개인당 GNP가 늘어나기 때문입니다. 그런데 지금은 우리가 인적자원을 잘 교육시키고 있기 때문에 가진 것이 없는, 부존자원이 없는 우리나라로서는 인구를 늘려야만 큰 경쟁력이 될 것입니다.

그런데 아쉬운 것은 우리의 인구가 저출산 문제 때문에 인구가 줄고 있다는 사실입니다. 현재 가임여성 1인당 아이를 1.24명밖에 안 낳습니다. 결혼하면 2명을 낳아야 인구가 유지되지 않겠어요? 그런데 1.24명, OECD 국가 중에서 가장 낮은 출산율입니다. 그렇기 때문에 인구가 줄 수밖에 없습니다. 물론 외국의 다민족·다문화가족들이 들어온다 하더라도 그것은 아직 인구를 늘릴만큼의 큰 비율이 아니기 때문에 저출산 문제가 인구를 계속 줄이게 될 것입니다.

우리나라는 그동안 삼국 시대에 약 330만 명, 조선 시대에는 700만 명, 1930년대에 2,000만 명이 되었고, 1969년에 3,000만 명, 1984년에 4,000만 명, 그리고 이제 2015년에 5,000만 명 이렇게 꾸준히 인구는 증가해 왔습니다. 하지만, 인구성장률이 둔화하게 되면 앞으로 2200년이 되면 400만 명, 2300년이 되면 한민족 인구가 소멸될 것이라는 분석도 나와 있듯이 인구가 준다는 것도 대비를 해야 합니다.

그 다음에 이것과 함께 더 심각한 문제는 고령화의 문제입니다. 지금 우리나라 5,100만 명의 인구 중에 65세 인구가 650만 명에 이르고 있어서 거의 전체 인구의 13%에 도달했습니다. 그런데 한 국가의 전체 인구 중 65세 인구가 7%를 넘어서면 고령화 사회(aging society), 14%가 되면 고령사회(aged society), 20%를 넘어서면 초고령사회(super-aged society)가 된다는 것이 국제적인 기준입니다. 우리나라는 2000년에 7%를 넘어섰어요. 그리고 지금은 13%에 도달했기 때문에 이제 얼마 남지 않은 시간 내에 우리가 14%로 갑니다. 이미 전남, 충남, 강원, 경북은 14%를 넘어섰고요. 경북 의령은 30%, 초고령사회를 넘어 30%를 넘어섰습니다. 그래서 이렇게 고령화가 너무 빨리 진행이 되고 있습니다.

특히, 고령화 사회인 7%에서 14%를 거쳐 초고령사회인 20%로 가는 고령화 속도를 보면, 더 자세히 알 수 있습니다. 프랑스는 65세 인구가 7%가 된 시점이 1864년, 그리고 14%가 된 시점이 1979년, 그리고 앞으로 2019년에 20%에 도달한다고 전망하기 때문에 7%에서 20%로 가는 데 한 150년쯤 걸렸습니다.

영국은 100년, 미국은 90년쯤 됩니다. 이렇게 100년 넘게 7%에서 20%로 간다는 것은 상당히 시간을 두고 천천히 가고 있기 때문에, 고령화의 문제를 해결할 수 있는 시간적 여유가 있었다고 볼 수 있습니다. 그런데 이 기간을 획기적으로 단축한 나라가 일본입니다. 일본은 이미 1970년에 7%, 1994년에 14%, 그리고 2006년에 20%를 이미 넘어선 초고령사회가 일본입니다. 그런데 7%에서 20%로 간 기간이 서구 국가들은 150년인데, 이것을 단축해서 불과 36년 만에 7%에서 20%로 간 것입니다. 현재까지 세계 신기록이지요.

그런데 우리나라는 그것도 성에 안 찼는지 우리는 이미 2000년에 7%가 되었고, 이 추세로 가면 2018년에 14%, 2026년에 20%로 간다는 것입니다. 그러니까 일본의 36년도 더 단축해서 26년 만에 가는 것이지요. 이것은 세계 유례가 없는 속도입니다. 그렇기 때문에 우리가 이 고령화가 너무 빨리 진행이 되고 있어서 준비할 겨를도 없이 지나가기 때문에 앞으로 큰 재앙이 될 수 있다고 우려하는 것입니다.

물론 고령화는 축복입니다. 1960년도의 우리나라 평균수명이 52세밖에 안 되었습니다. 물론 유아사망률이 높기 때문에 평균수명률이 떨어졌다 하더라도 52세밖에 못 살았는데, 지금 우리나라는 82세, 30년이 늘어났습니다. 옛날에는 인생을 60으로 봤지요. 태어나서 30살까지 공부하고 직업을 갖고 결혼하고, 그래서 30에서 60을 잘살면 그것을 인생의 전부로 봤습니다. 그렇기 때문에 60에 회갑잔치도 크게 하고, 60을 살면 수명을 다했다고 보는 시대가 있었거든요. 지금은 남성은 78세이지만 여성은 벌써 85세, 여성이 남성보다 일곱 살을 더 삽니다. 웬만하면 90까지 사는 거예요. 그러니까 60에서 90의 인생이 더 늘어났습니다.

인생을 60으로 볼 때는 2모작이라면 지금은 3모작입니다. 따라서 옛날에는 30에서 60의 인생을 어떻게 살았느냐가 그 인생의 성패를 좌우하는 중요한 시기였다고 본다면, 지금은 30에서 60을 어떻게 살았든지 간에 그건 중요하지 않고, 60에서 90의 인생을 어떻게 살았느냐에 의해서 인생의 성패를 좌우하게 된다고 합니다. 이렇게 달라졌습니다. 따라서 그만큼 중요해진 60에서 90의 인생을 잘살기 위해서는 30세에서 60세 동안에 준비를 잘해야 되겠지요.

그런데 문제는 우리나라가 고령화라는 축복을 가진 것은 대단히 좋은데 동시에 재앙을 안고 있다는 사실입니다. 왜냐하면, 지금 노인들의 생활상태를 세계적인 수치와 비교해보면, 노인들의 고령화 속도는 세계 1위로 빨리 가고 있습니다. 그래서 오래 사는 그런 축복이 생겼지만, 반대로 우리 노인들이 지금 OECD 국가 중에서 가장 자살률이 높습니다. 이것은 수명은 늘어났지만 노인들의 삶은 대단히 고통스럽다는 것을 알려주는 이유입니다. 특히, 가난과 질병과 고독이라는 3대 문제에 지금 우리 노인들이 직면해 있다는 사실을 보여주고 있습니다.

그래서 노인빈곤율도 OECD 국가 중에서 제일 높습니다. 2배 이상 높아요. 자살률도 OECD 평균 3배 이상이 높습니다. 인구 10만 명당 100명 가까이 자살하고 있고요. 젊은층보다도 3배 더 많이 자살을 합니다. 그러니까 더 오래 사는 조건이 충족이 되었는데도 자기 삶을 포기한다는 것은 그만큼 삶이 버겁다는 것을 말해주고 있습니다.

노인자살률과 빈곤율, 그러니까 이 문제를 이제는 개인의 문제가 아니라 사회 문제, 국가 문제가 되고 있다는 사실이 여실히 증명이 되고 있습니다. 특히, 지금은 우리 사회에서 생산가능 인구, 15세에서 64세의 일하는 사람 6.6명이 세금을 내고 노동을 해서 노인 한 명을 부양하고 있습니다. 그런데 노인들은 계속 많아지고 고령화 속도는 점점 빨라질수록 2020년에는 다섯 명이 한 명을 부양해야 되고, 2040년에는 두 명이 한 명의 노인을 부양해야 하는 엄청난 부담으로 나타나게 됩니다.

그렇게 되면 어떻게 되겠습니까? 이제 생산하는 사람의 인구는 줄고 부양해야 될 노인들은 많아지고, 그러면 국가경제가 어떻게 되겠어요? 국가경제는 성장하기가 대단히 어려워질 것입니다. 그래서 이런 이야기가 있습니다. 우리나라가 그동안 경제성장을 해서 세계경쟁력 내지 세계경제규모가 15위 내외가 되었고, 1인당 GNP가 3만 달러에 육박하고 있습니다. 이렇게 여러 가지 경제지표는 좋지만, 앞으로 우리가 4만 달러, 5만 달러로 가야 되는데 이 목표를 달성하는 데 있어서 가장 큰 걸림돌이 이 고령화 문제라는 것입니다. 일하는 사람이 줄고, 우리가 일하지 않고 부양해야 될 노인들은 늘어난다면 경제성장은 떨어질 수밖에 없기 때문이지요.

그래서 지금부터 우리가 노사 문제를 해결하고, 여러 가지 힘을 합해서 경제에 매진한다 하더라도 고령화 때문에 더 이상의 경제성장은 어렵다는 비관적인 전망도 있습니다. 반면에, 우리 노인들을 경제성장 과정에 끌어들이고 그들의 취업과 그들의 경륜을 살린다면 경제를 성장할 수 있는 발판이 될 수도 있겠지요. 그래서 이 고령화의 문제를 국가정책적으로 앞으로 어떻게 다룰 것인가 하는 문제가 이만큼 중요해졌다고 볼 수 있습니다.

아무튼, 이 고령화의 문제는 이제 개인의 문제를 넘어서서 사회 문제, 그리고 정치와 경제 문제가 되고 있습니다. 또 우리는 지금 지역 간의 갈등 문제라든지 이념 간의 갈등 문제 때문에 엄청난 어려움을 겪고 있잖아요? 그런데 앞으로 이 고령화 문제를 풀지 못하면 새롭게 심화될 세대 간의 갈등이 지금까지 경험했던 여러 갈등 문제보다 더 심각한 문제가 생길 수 있습니다.

최근에 우리가 임금피크제다, 청년실업의 문제다라고 하는 문제들도 이미 세대 간의 갈등, 그러니까 우리가 나이가 먹은 사람들의 임금을 줄여서 청년들의 실업 문제를 해결하자는 것은 이미 세대 간의 경쟁으로 가는 것이라고 볼 수 있습니다. 그래서 이 고령화의 문제는 우리나라 경제성장의 문제, 갈등 문제를 해결하는 대단히 중요한 대상과 과제가 된다고 볼 수 있습니다.

그리고 개인적으로는 고령화 사회에 우리가 슬기롭게 살기 위해서, 그리고 60에서부터 90의 인생을 더 우아하게 더 아름답게 살기 위해서는 그 이전부터 착실한 준비를 통해서 고령화 사회에 대비를 해야 하겠습니다.

이것은 개인적으로도 우리가 해야 할 중요한 숙제라고 볼 수 있습니다. 아무튼, 고령화 사회에 수명이 늘어나고 하는 것을 축복으로 우리가 만들고, 거기에 수반되는 여러 가지 고통의 문제와 해결해야 될 문제들은 우리가 지혜를 짜내고 동시에 국가가 정책적으로, 그리고 우리 모두가 세대 간의 대타협의 정신을 발휘해서 이 문제를 다각적으로 풀어간다면, 아마도 고령화는 재앙보다 더 큰 축복으로 나타날 수 있다고 생각을 합니다. 오늘 이 시간에는 인구감소의 문제와 고령화의 문제에 대해서 짚어봤습니다.

다음 시간에 또 계속해서 사회환경의 변화에 대해서 여러분과 의견을 나누고자 합니다. 끝까지 함께해 주셔서 대단히 감사합니다.

또 만나도록 하겠습니다.

제 7 강 지방자치와 지역 · 세대 간 격차

이번 시간에는 지난 방송에 이어서 우리 사회환경 변화와 우리의 과제, 즉 국가와 지역의 과제로 이야기를 나누고 싶습니다. 잘 알고 있겠지만, 지금 우리 대한민국은 세계 속에서 더욱 크게 성장 · 발전해 왔습니다.

대표적으로 글로벌화되어 가는 이 시대에 우리 대한민국이 지난 50년 동안 압축성장을 통해서 대단히 큰 발전을 이루었습니다. 특히, 양적 성장 면에서는 타의 추종을 불허하지요. 쉽게 이야기해서 지금 대한민국은 우선 경제적인 측면에서 보면 1960년도, 그러니까 대한민국은 1961년부터 '경제개발5개년계획'을 통해서 경제를 착실히 성장해 왔지 않습니까?

1960년도의 통계와 2015년도의 통계를 비교해 보면, 적나라하게 우리 대한민국의 발전 성과를 비교해볼 수 있습니다. 1960년도에 우리 나라의 수출액이 불과 3,300만 달러, 1억 달러가 안 되었지요. 그것도 꽁치, 고등어 또는 가발을 팔아서 수출액이 세계 88위, 3,300만 달러에 불과했습니다.

그렇게 빈약한 경제상태에서 '경제개발5개년계획'을 시작해서 1964년에 1억 달러, 1977년에 1백억 달러, 또 올림픽을 했던 1988년 이후에 들어와서 1천억 달러, 그리고 2010년에 5천억 달러를 넘어섰습니다. 무역에 올인을 한 것입니다.

지금은 수출과 수입을 합해서 1조 달러의 무역규모를 가진 무역대국이 되었습니다. 세계 8위입니다. 열 번째 안에 들어오는 무역대국, 그러니까 1억 달러도 안 되었는데, 지금은 1조 달러가 되었으니까 이것은 뭐 기적이라고 봐야겠지요. 그런 무역을 통해서 지금 경제규모도 약 1조 5천억 달러로 집계되서 세계 15위입니다.

인구 5천만 명인 나라이기 때문에 인구 1인당 GDP가 지금 3만 달러는 조금 못 미쳐서 2만 8천 달러 정도 넘어섰습니다. 이것도 1960년도와 비교해보면, 우리가 1960년도에 1인당 GDP가 1백 달러가 안 되는 79달러로 최빈국이었습니다.

그런 나라가 지금 3만 달러를 목전에 둔 그런 경제규모와 수준을 가진 대한민국이 되었으니, 세계가 부러워하지 않을 수 없는 것이지요. 우리가 1백 달러가 안 될 때, 지금은 우리가 아주 저평가하고 있지만, 필리핀이 그 당시에 274달러로 우리보다 세 배 이상의 경제수준을 가진 나라였습니다. 그래서 우리가 그 당시에는 필리핀에 가서 배우고 또 필리핀의 공무원이나 학자가 한국에 와서 가르쳐 주었습니다. 심지어는 우리 대한민국이 불쌍하다고 해서 서울에 장충체육관을 필리핀이 지어줬습니다. 그래서 우리가 장충체육관에서 스포츠를 많이 했지요.

그 정도로 우리나라가 경제 면에서 뒤져 있는 나라였는데, 인구 5천만 명, 그리고 국민소득 2만 달러가 넘게 되면 '2050클럽'이라는 선진국 클럽이라고 하는데, 거기에 우리가 당당하게 일곱 번째로 가입을 했습니다. 그러니까 인구가 5천만 명이 넘고 국민소득 2만 달러가 넘는 나라가 우리보다 앞서서 6개의 나라밖에 없었는데, 우리가 일곱 번째로 당당하게 선진국 클럽에 가입을 했다는 자랑스런 사실입니다. 이제 3만 달러를 넘어서게 되면 '3050클럽'이라는 또 다른 아주 최고의 선진국 클럽에 다섯 번째쯤 가입을 합니다.

이렇게 경제가 기적적으로 성장을 해서 우리 대한민국의 국력이 신장됨으로써 세계의 찬사도 받고 있고 부러움도 받고 있습니다. 또 우리의 국력이 세계 여러 곳에 미쳐서 진정한 글로벌화 시대가 되었다고 세계가 평가를 합니다. 그런데 여기까지는 우리가 잘 왔는데, 또 경제 양적 성장은 잘 되었는데 그러면 우리가 진정한 선진국이냐 하는 점에서는 조금 고민하고 깊이 생각해야 될 몇 가지 문제점이 있습니다.

첫째는 우리가 경제는 양적으로 성장을 했는데 문제는 빈부격차가 굉장히 심화되었다는 것입니다. 다시 말해서, 잘사는 사람과 못사는 사람, 잘사는 사람 상위 10%, 못사는 사람 상위 10%의 소득을 비교해 보면 열 배가 넘었습니다.

안타깝게도 그 간격은 점점 넓어지고 있습니다. 또 중산층은 점점 축소되고 있고요. 그래서 빈부의 양극화가 점점 심화되니까 빈곤계층이 늘어나는 동시에 중산층이 무너지니까 사회가 굉장히 불안정해지고, 자본주의 체제의 모순에 대한 불만과 반발이 생길 수밖에 없습니다. 그리고 이 빈부격차는 우리의 노력으로 시정이 되어야 되는데 지금 시정의 조짐이 안 보인단 말이에요.

왜냐하면, 빈부격차를 시정하는 여러 가지 노력이 필요하고 제도적인 개선이 필요합니다. 그중에서 교육이라는 대단히 중요한 역할이 아직 그 격차를 시정하는 데 있어서 작동하지 않는다는 것입니다. 오히려 교육, 말하자면 빈곤계층이 빈곤을 탈피하기 위해서는 좋은 교육을 받아서 다음 세대에는 시정되어야 되는데, 지금의 교육은 오히려 빈부격차를 더 심화시키고 있다고 볼 수 있습니다. 부자들은 더 좋은 교육을 자녀들에게 투자를 하고 있는데 비해서, 빈곤계층은 좋은 교육을 받지 못하니까 부는 세습하고 빈곤은 대물림되는 이런 좋지 못한 현상으로 우리가 가고 있습니다.

그렇기 때문에 지난 50년 동안에 많은 성장을 하고 경제가 양적으로 커졌음에도 불구하고, 중산층에서 이탈이 되고 또 빈곤해진 계층은 우리 체제에 대해서 굉장히 비판을 하고, 오히려 사회주의 이념이라든지 진보적인 그런 곳에 관심을 갖는 계층이 늘어나는 것도 여기에 바로 이유가 있습니다. 그래서 이 부분을 앞으로 언제, 어떻게 시정하느냐 하는 것은 대단히 큰 우리의 숙제이기 때문에 이것을 시정하지 않으면 우리가 진정한 선진국으로 가기가 어렵다는 생각입니다.

그리고 우리의 자본주의 체제, 또는 우리 사회체제가 안정이 되어야 합니다. 그런데 경제가 성장이 되면 오히려 사회가 불안정해지고 계층 간의 대립이 심해지는 그런 문제가 앞으로 더 나타날 것이라는 우려가 있습니다. 또 지역 간의 격차도 점점 심화되고 있습니다. 우리나라는 지금 수도권의 면적이 11.8%밖에 안 되지만, 수도권 인구는 이미 50%가 넘었습니다. 이렇게 인구의 절반이 수도권에 살고 있는 셈이지요. 서울은 면적은 1%도 안 되지만, 1천만 명 이상이 사니까 5명 중에 1명은 서울에 사는 것입니다.

이렇게 우리는 서울과 수도권에 모든 것이 집중되어 있습니다. 인구뿐만이 아니라 공공기관, 문화, 교육, 각종 인프라, 심지어는 정보 이런 것까지 다 서울과 수도권에 집중되어 있기 때문에 수도권과 비수도권의 지역 간의 격차는 점차 커져가고 있습니다. 이제 그런 점에서 우리가 행정중심복합도시 세종시도 건설을 했지만, 아직은 수도권 인구분산의 효과를 내지 못하고 있습니다. 이제 그런 점에서 우리가 해결해야 될 숙제가 상당히 많다고 볼 수 있습니다.

최근에 우리나라 청년실업률 문제가 심각하지 않습니까? 그러니까 경제가 좋아졌으면 우리 청년들의 일자리가 늘어나고, 청년들이 미래에 대한 꿈과 희망을 가지고 열심히 활동을 해야 되는 데도 불구하고 현실은 전혀 그렇지가 않습니다.

우리 지금 청년들은 단군 이래 가장 좋은 교육을 받았다고 모든 세대들이 부러워합니다. 지금 청년들은 정말 컴퓨터와 인터넷을 장난감 다루듯이 아주 뛰어난 기술을 가지고 있고, 또 외국어 실력도 양질의 교육을 받아왔기 때문에 가장 훈련된, 가장 좋은 교육을 받은 세대임에도 불구하고 이들이 교육을 마치고 가야 할 사회는 이 청년들을 흡수를 못하고 있습니다. 청년들은 지금 바깥을 맴돌고 굉장한 소외감을 느끼고 있습니다. 그래서 심지어는 결혼, 출산, 취업을 포기하는 '3포 세대', 거기에다가 집도 포기하고 꿈과 희망도 포기하는 그런 '5포 세대', 심지어 '7포 세대' 이런 아주 어두운 신조어까지 마련될 정도로 지금 청년들이 방황하고 있습니다. 청년실업률은 10%를 넘어서 치솟고 있고요.

또 이들이 꿈과 희망을 가지고 대한민국의 미래를 책임져야 되는데, 이들은 지금 좌절감 속에서 우리 기성세대에 대해서 불만을 가지고 있고, 현 체제에 대해서 상당히 반발감을 가지고 있습니다. 그래서 지금 정부도 청년고용 절벽시대의 문제를 타개하기 위해서 여러 가지 대안을 만들어 놓고 있지만, 아직은 청년들을 제대로 정규직, 장기적인 취업과 연계하지 못하고 있습니다. 그런 상황에 놓여 있기 때문에 우리 체제가 앞에서 이야기한 대로 기적적으로 발전을 했지만, 많은 사람들이 "그 발전이 과연 누구를 위한 발전이었느냐."라는 근본적인 회의와 문제제기를 여전히 하고 있을 수밖에 없다는 사실이 안타까울 뿐입니다.

다시 말해서, 우리가 발전이 되고 성장이 되었으면 그것을 공평하고 정의롭게 분배를 해야 합니다. 그래서 누구나 골고루 소외감과 좌절감 없이 살아 갈 수 있어야 되는데, 아직 그러한 문제를 해결하지 못한 상황에 놓여 있습니다. 그렇기 때문에 발전을 하고 성장을 했는데도 불구하고 도대체 누구를 위한 성장이고, 그 성장의 과실은 도대체 누가 가져갔느냐, 재벌이 가져갔느냐, 기득권이 가져갔느냐 이 문제를 놓고 청년들이 상당히 방황하고 있습니다. 이러한 의문점들을 우리가 해결하지 않으면 우리 체제가 건강하게 더 발전하지 못하고 진정한 선진국이 되지 못한다고 생각합니다.

이런 점에서 우리가 앞으로 가야 할, 그리고 우리가 앞으로 추구해야 할 사회적 가치의 정립이 대단히 중요시되고 있고, 나아가 이 부분에 대한 국민적 공감대 형성이 반드시 되어야 합니다. 그래서 제가 '자치펀치' 글러브를 끼고 우리 사회가 선진국으로 가는 데 걸림돌이 되는 불평등의 문제, 격차의 문제, 소외감의 문제를 펀치로 날려 보내야만 진정한 선진국으로 갈 수 있지 않나 생각을 합니다.

그런 점에서 오늘 우리 대한민국이 지금 어디에 있는지, 무엇을 이루었고 앞으로 어디로 가야 되는지를 이야기했습니다.

그러면 다음 시간에 만나도록 하겠습니다.

감사합니다.

제 8 강 지방자치와 공정하고 정의로운 복지사회

오늘도 지난 시간에 이어서 우리 사회의 문제점을 진단해보고, 또 우리가 앞으로 해결해야 할 과제들에 대해서 이야기하고 싶습니다.

지난 시간에 우리 대한민국이 경제 양적인 측면에서는 선진국이 되었다고 평가했습니다. 세계 10위권에 무역규모 세계 8위와 '2050클럽'이라는 선진국 클럽 가입, 또 경제규모 세계 15위, 국가경쟁력은 우리가 2007년에는 한때 11위까지 갔지만, 지금은 조금 떨어져서 25~29위를 왔다 갔다 하고 있기 때문입니다.

여기에 노동개혁이라든지 금융개혁, 그리고 공공개혁 이런 부분이 제대로 잘 진행이 된다면 국가경쟁력은 아마 다시 올라갈 것입니다. 이렇게 우리가 경제적으로 세계 10위권에 들어갔을 뿐만 아니라, 우리 대한민국이 대단한 것은 경제성장만이 아니라, 지금은 어렵지만 착실하게 민주화를 향해서 가고 있다는 사실입니다.

이것은 쉽지 않거든요. 그러니까 우리가 지난 몇 년 동안에 걸쳐서 중동에서 일어났던 재스민 혁명(Jasmine Revolution) 같은 아주 폭풍 같은 민주혁명을 우리가 지켜봤습니다. 잔인하게 독재자들이 무너지고 또 국가체제가 붕괴되는 그러한 열풍을, 사막에서 부는 그러한 중동의 열풍을 우리는 그렇게 많이 걱정하면서 우리 체제의 문제점을 보지는 않았습니다.

그런데 우리도 만일 이집트나 튀니지나 또는 리비아같이 석유를 팔아서 경제가 성장하는 데만 몰두하고 사회체제를 민주적으로, 정치적으로 변화해가지 않은 채 경제만을 성장하려 했다면 우리도 그 혁명의 열풍으로부터 자유롭지 못했을 것이라고 생각합니다.

그런데 우리는 이미 10월 항쟁이라든지, 서울의 봄이라든지, 국민직선이라든지, 지방자치 실시라든지 이런 민주적 제도를 나름 진통은 있었지만, 착실히 정착시켜 나갔기 때문에 우리 사회가 시끄러운 것 같지만, 오히려 안정이 되는 성과를 낸 바 있습니다. 다시 말해서, 경제선진화와 민주화가 동시에 추진되고 있다는 점에서 우리 대한민국이 상당한 강점이 있는 것입니다. 그렇기 때문에 중동 국가들과는 다르게 우리가 체제가 안정이 되어 있고, 오히려 세계에서 찬사를 받고 있는 것입니다.

우리는 지난 50년 동안에 경제성장을 하면서도 우여곡절은 많았습니다. 독재도 있었고 또 군부 권력 찬탈도 있었지만, 그런 것을 다 우리가 겪어가면서 급기야 지방자치를 하게 되었고, 정권교체를 했습니다. 우리의 손으로 총칼을 안 들고도 선거를 통해서 여·야 간의 정권교체를 했을 뿐만 아니라, 여·여 간의 정권교체도 했습니다. 이것은 대단히 자랑스런 업적입니다.

이렇게 경제성장, 선진화와 정치민주화를 통해서 우리가 선진국으로 진입을 목전에 두고 있는데, 지난 시간에 이야기한 대로 불평등과 차별, 그리고 격차 문제가 최대 숙제가 되고 있다는 이야기를 한 바 있습니다. 즉, 오늘 이 순간에도 우리 사회는 지금 굉장히 병들고 있고, 우리 국민들이 굉장히 힘겨워하고 있다는 사실입니다.

격차, 중산층의 붕괴, 빈곤 이런 문제가 같이 연결은 되어 있겠지만, 우리 대한민국이 지금 자살률이 세계 1위입니다. 통계치가 그것을 아주 적나라하게 보여주고 있습니다. OECD 국가 중에서 우리가 11년째 세계 1위입니다. 지금 10만 명당 매년 29.1명이 자살을 합니다. 이것은 압도적인 1위거든요. 2위가 헝가리라고 하는데 거기는 우리보다 훨씬 못 미쳐서 절반밖에 안 됩니다. 3위가 일본 순으로 가는데 어쨌든 우리는 압도적인 1위입니다.

다른 통계치로 이야기하면 우리가 매일 42명이 자살을 합니다. 매일, 하룻밤 눈을 뜨면 42명이 자살을 해요. 오늘 뉴스에서도 일가족 4명이 자살을 했습니다. 작년에 총 1만 5천 명이 자살을 했습니다. 자살을 시도한 사람은 60만 명이라고 해요. 그러니까 지금 우리는 잘 살게 되었음에도 불구하고, 자살을 하는 것입니다.

이것이 정신적으로 건강하지 못하고, 고독하고, 외롭고, 소외되고 이런 정신적인 문제들이 자살로 내몰고 있다고 볼 수 있습니다. 특히, 10대, 20대, 30대까지는 사망률 1위가 자살입니다. 젊은층 10대, 20대, 30대는 비교적 건강한 계층이잖아요. 그러니까 각종 질병보다는 자살로 인해서 세상을 등지는 그런 청년층이 늘어나고 있다는 사실은 이것은 정말 부끄러운 수치지요. 이 수치를 가지고 선진국이 될 수는 없습니다.

또 40대, 50대도 자살률이 사망원인 2위입니다. 우리나라의 전체적인 사망원인을 보면 물론 암이 1위이고, 뇌질환, 심장질환, 그 다음에 4위가 자살입니다. 그러니까 우리나라가 지금 건강, 의료 수준은 세계 수준에 이르렀지만 자살이라는 질병은 만연해 있는 것입니다. 자살에 대한 것은 지금 속수무책입니다.

특히, 지난 시간에 이야기한 고령화 사회가 되어서 우리가 평균 82세를 살고 있고, 웬만하면 90세, 100세까지 사는 시대로 가는 그런 축복을 우리가 얻은 반면에, 노인들의 자살률도 세계 1위입니다. 10만 명당 81.9명의 노인들이 자살하는 거예요. 그러니까 수명은 늘어났지만 더 살 수 있는데도 불구하고 자살로 생을 마감하는 그런 안타까운 일들을 우리는 뉴스를 통해서 접하게 됩니다. 그러니까 노인들은 지금 자살률이 높지요, 또 빈곤율도 세계 1위란 말이에요. 즉, 빈곤율이 49%, 2명 중에 1명은 빈곤 그것도 절대빈곤에 허덕인다는 통계가 이를 입증하고 있습니다.

그렇다면 이것은 무엇을 말합니까? 우리가 경제가 아무리 성장이 되어서 세계 10위권을 넘나든다 하더라도 우리 국민들이 행복하지 못하고 정신적인 문제로 인해서 좌절감, 소외감, 격차 이런 문제로 인해서 세상을 떠나는 사람이 이렇게 많다면, 또 우리가 평균수명이 늘어나서 오래 사는 데도 불구하고 나이 들어서 질병과 고독과 가난에 허덕이는 그러한 노인이 된다면 이 사회를 어느 누가 좋아하겠습니까?

일부 극소수의 부자들이나 일부 극소수의 기득권을 가진 사람들만 이 이 사회를 즐기고 행복할 수 있지, 나머지 세대들이 이렇게 어렵고 고독하고 가난하고 힘들어한다면 이 체제는 상당한 저항과 상당한 반발에 부딪힐 수밖에 없을 것이라고 생각합니다.

그런 점에서 우리 대한민국이 지금 냉정하게 이 문제들을 진단하고 우리가 합심해서 해결하지 않으면 언제라도 선진국 문턱에서 좌절할 수 있습니다. 그런 나라들이 많습니다. 선진국 일보 직전에서 주저앉은 나라들 말입니다.

특히, 3만 달러라는 선진국이 되기 위한 마지노선에서 그 문턱을 못 넘고 나락으로 떨어진 중남미 국가들이나 중동 국가들이나 이런 나라들이 우리의 현실을 말해주고 있습니다. 따라서 우리는 이러한 문제를 해결하기 위해서 어떤 노력들이 필요한 것인가? 우선, 우리가 앞으로 추구해야 할 가치에 대해서 기본적인 방향을 살펴보면 다음과 같습니다.

첫 번째는 지금 우리 사회를 공정하다고 생각하는 계층이 많지 않습니다. 대다수 우리 국민들이 일한 만큼 대우를 받지 못한다, 불로소득이 많다, 이런 불만들을 가진 국민들이 이제 우리가 노력한 만큼 정당한 대우를 받는 공정한 사회를 만들어야지 그렇지 않으면 힘들어진다고 주장합니다. 그래서 일한 만큼 대우받는 그런 공정한 사회를 우리가 반드시 만들어내야 합니다.

두 번째는 자본주의 사회에서는 도전하고 노력하다 실패할 수 있습니다. 그런데 지금은 한 번 실패하면 영원한 나락으로 떨어지고 재기의 기회를 갖기 어렵거든요. 그렇다면 그것은 선진국이 아닙니다.

세 번째는 우리가 열심히 노력하다가 실패하고 좌절해도 재기할 수 있는 기회를 주는 나라가 복지사회입니다. 실패해도 당장은 먹고 사는 데 어려움이 없게 하고, 재교육, 재기회를 얻어서 새로 일할 수 있는 기회를 주는 복지사회, 세대 간의 격차, 지역 간의 격차, 남녀 간의 격차 이러한 격차와 소외 없이 균형적으로 살 수 있는 그런 선진사회를 우리가 만들어내야 합니다.

네 번째는 지금 우리 정의가 많이 무너져 있습니다. 정의롭지 못한 사회라서 "유전무죄(有錢無罪), 무전유죄(無錢有罪)" 이런 말로 사회의 불공정, 비리, 부정의한 문제를 표현하고 있지 않습니까? 그래서 윤리와 도덕이 살아 숨 쉬는 정의로운 사회를 우리가 만들어내지 않으면 앞서 이야기한 그런 문제들이 해결되지 않는다고 생각합니다.

그래서 우리가 앞으로 경제의 양적인 성장이라는 가치만 추구할 것이 아니라, 성장과 함께 공정한 사회, 복지사회, 선진사회, 그리고 정의로운 사회라는 가치가 같이 조화를 이루어야 된다고 다시 한 번 강조합니다.

그래서 오늘 이 시간도 우리가 글러브를 끼면서 날려 보내야 될 것은 이 격차와 소외, 불공정, 비윤리, 비도덕적인 이런 것을 우리 함께 펀치로 아주 속 시원하게 날려 보내야만 진정한 선진사회가 되고, 우리가 행복한 삶을 살 수 있을 것입니다.

그러한 것이 펀치를 통해서 날려지면 그 다음에 우리는 지방분권과 지역 균형발전이라는 정책을 착실히 수행해서 세대 간에, 중앙과 지방 간에 또 수도권과 비수도권 간에, 도시와 농촌 간에 아주 양극화되어 가고 있는 이 편차와 격차를 좀 더 줄여서 우리가 골고루 균형

있게 살아갈 수 있는 그러한 시대와 사회를 우리가 만들어내야 한다고 생각을 합니다.

그래서 우리 대한민국은 지금 상당히 중대한 전환기에 놓여 있다고 볼 수 있습니다. 우리가 이만큼 여기까지 왔지만, 앞으로 우리가 더 대한민국이 업그레이드되고 또 국민 모두가 행복한 그런 사회가 되려면 해결해야 할 과제들을 우리가 많이 안고 있습니다. 그러나 그것의 해결이 불가능한 것은 아닙니다.

우리가 정확하게 국민들이 같이 진단하고 같이 힘을 합하고 헤쳐나가면 당연히 해결할 수 있는 문제입니다. 그런 점에서 오늘 이 시간은 대한민국 오늘의 현실과 또 우리의 과제에 대해서 알아봤습니다.

함께해 주셔서 감사합니다.

제 2 편

지방자치와 국가 · 지역발전

제 9 강

자본주의와 사회주의 체제, 그리고 지방자치

저하고 이제 이렇게 방송을 통해서 만난 지가 아홉 번째가 된 것 같습니다. 지난 여덟 번의 방송들을 보고 그동안 이제 차츰 저에게 질문을 하는 경우가 생겼습니다.

예를 들어서, 지난 방송 때는 필리핀에서 우리가 원조를 받아서 장충체육관을 건설했다는 이야기를 했는데 그것이 사실이냐, 팩트(fact)에 근거한 것이냐, 이러한 질문도 주셨고요. 물론 정확한 자료에 근거해서 이야기를 한 것입니다.

또 여러 가지 내용들이 유익하기는 한데 지방자치나 분권에 관해서 너무 초점을 두는 것 아니냐, 너무 또 지나치게 비약해서 지방자치와 분권을 통해서 모든 문제를 해결하려는 것 아니냐, 이런 문제점을 지적한 분도 있었습니다.

저는 물론 사회과학의 현상이라고 하는 것은 직접적 인과관계로 모든 현상을 설명할 수 있는 것이 아니지만, 제가 이 '자치펀치'를 통해서 주로 문제를 보는 시각, 그리고 그것을 처방하는 진단은 아무래도 지방자치와 분권을 중심으로 보려고 하고 있습니다. 또한 대안까지 제시하려고 하고 있고요. 그리고 지방이라는 시각에서 사회현상과 지역의 현상만큼은 지방의 시각으로 봐야 된다는 점에서 강조하고 있다는 것을 재삼 이야기하고 싶습니다.

그리고 내용들이 너무 딱딱한 것 아니냐, 또 우리가 '자치펀치' 하면 부담 없이 즐겁게 보기를 기대했는데 좀 딱딱하다 이런 이야기도 있었습니다. 아무튼, 좋은 반응과 좋은 고견을 주셔서 감사드리고, 저는 또 그러한 부분을 적극 수용해서 개선해 나가는 데 노력을 기울이도록 하겠습니다.

지난 시간에 이어서 이번에도 우리 한국사회가 갖고 있는 여러 가지 문제점을 진단하고 처방을 내놓는 그런 차원에서 오늘은 사회체제에 대해서 이야기하고 싶습니다. 다시 말해서, 우리 사회가 경제성장 면에서 크게 발전을 했고, 또 선진국으로 가는 문턱에 와 있는데 그에 수반되는 여러 가지 문제점들 예컨데, 격차, 소외, 불균형, 부패, 비리 이런 문제를 우리가 해결해가지 않고서는 선진국으로 가기가 어렵다는 차원에서 지난 시간에 이야기를 했습니다. 그런 관점에서 우리가 고민해야 될 문제가 바로 사회체제 문제입니다.

잘 알고 있는 바와 같이, 우리가 살고 있는 우리 대한민국이 선택한 체제는 자유민주주의 체제 또는 자본주의 체제라고 볼 수 있습니다. 그리고 우리와 아직 통일을 하고 있지 못하는 북한은 아직도 전형적인 사회주의 체제 또는 공산주의 체제를 유지하고 있습니다. 아마 세계에서 유일한 사회주의, 공산주의 체제로서 체제의 기본형에 가장 충실한 체제가 북한체제입니다.

물론 돌이켜 보면, 자본주의 체제가 가지고 있는 문제점을 비판하고 새로운 사회주의 체제, 공산주의 체제를 내놓게 된 혁명적인 사건이 볼셰비키 혁명(Bolshevik Revolution)입니다. 그래서 마르크스(K. Marx)와 레닌(V. Lenin)이 붉은 혁명, 즉 볼셰비키 혁명이라는 것을 1917년 10월에 이 세상에 사회주의 체제를 내놓게 된 것입니다.

그것은 자본주의 체제가 가지고 있는 모순과 비리의 문제점들을 고발하고 내놓은 체제로서, 그 당시에는 굉장히 많은 사람들의 열광적인 환호를 받았습니다. 특히, 사회주의 체제가 내놓은 사회주의 이념은 우리 그 당시에 자본주의 체제에서 신음하고 자본주의 체제 모순과 비리 속에 고생하던 많은 노동자와 농민들에게 어떻게 보면 한 줄기의 빛같이 그렇게 아름답게 보일 수 있는 이념이었음을 부인할 수 없습니다.

그것은 말하자면, 노동자와 농민들의 유토피아였습니다. 우리 모두가 "능력에 따라서 일하고 필요한 만큼 배분받는 사회"를 만들겠다는 것이 사회주의 이념입니다. 또 계급없는 평등한 사회를 지구상에 구현을 하겠다는 주장은 정말로 아주 매력적인 이념이 아닐 수 없었고, 열광하지 않을 수 없는 그러한 당시로서의 이념이었습니다. 그래서 그러한 이념을 구현하기 위한 체제로서의 사회주의 체제가 등장을 한 것이지요.

그러나 그 체제가 74년 동안에는 아주 강력한 체제로서 자본주의와 대결을 했던 체제인데, 1991년도에 그 체제가 붕괴가 되었습니다. 그래서 "사회체제의 논쟁과 대립은 끝났다."라고 후쿠야마(F. Fukuyama) 교수도 이야기를 했습니다.

저는 오늘 이 시간을 통해서 자본주의 체제 내지 자유민주주의 체제가 사회주의 체제와 대결해서 왜 사회주의 체제는 붕괴되었거나 또는 붕괴되어 가는가? 구소련은 붕괴되어서 새로운 체제로 가지만, 중국은 또 원래 사회주의 체제에서 많은 변형된 체제로 가고 있습니다. 또 동유럽도 원래 사회주의 체제에서 지금은 많이 변화가 되었습니다.

그렇게 체제의 변화가 이루어진 배경이 어디에 있느냐, 이런 부분에 대해서 설명을 드리고, 그 다음에 일단은 자본주의와 사회주의 체제에서 자본주의 체제가 일단은 승리한 것처럼 보이지만, 그렇다면 자본주의 체제는 영원히 망하지 않는 체제냐, 영원히 붕괴되지 않을 것이냐 하는 점에서는 우리가 한 번 생각을 해봐야 합니다.

그 다음에 지금 이야기한 대로 소비에트공화국, 지금은 러시아이지만, 구소련이지요. 또 러시아, 중국, 동유럽 이런 나라들의 체제변화는 어떻게 이행되고 있는지, 어떻게 변화를 거쳐 가고 있는지, 그렇다면 그 체제는 과연 성공할 것인지, 이런 부분을 한 번 살펴보려고 합니다.

마지막으로는, 유일하게 사회주의 이념에 충실한 북한의 체제가 과연 지속될 수 있을 것인가, 그리고 대한민국과 북한의 서로 다른 체제가 과연 어떻게 통일을 향해서 어떤 체제로 가야 하겠는가 이런 부분이 오늘 토론의 이슈, 쟁점이라고 볼 수 있습니다. 또 이 이슈들은 다 긴밀히 연결되어 있기 때문에 제가 하는 이야기를 귀기울여서 잘 들어주시기 바랍니다.

이 지구상에 존재해온 어떤 사회체제든지 간에 그것이 자본주의 체제든, 공산주의 체제든, 민주자유주의 체제든, 자유민주주의 체제든, 민중민주주의 체제든 수많은 이름 하의 체제가 있었고, 또 어떤 체제는 사라지고 또 새로 등장하고, 이렇게 체제가 그동안 많이 등장해서 다양한 실험을 했습니다. 이와 같이 수많은 체제가 있지만 그 체제들이 지향하는 목표는 동일한 것입니다.

하나의 목표를 가지고 체제가 도입되고, 운영되고, 또 성공적으로 정착하고 또는 실패해서 사라지고 그러는데, 그 목적은 바로 어떤 체제든지 간에 체제 속에 있는 구성원들이 지향하는 가치에 대한 것입니다.

대표적으로는 세 가지의 가치가 있습니다. 즉, 3P라고 해서 세 가지의 가치가 있습니다. 파워(power)로서의 권력, 그 다음에 프로포티(property)라고 해서 재산, 그 다음에 프레스티지(prestige)라고 해서 명예입니다. 다시 말해서, 권력과 부와 명예를 누구나 다 갖고 싶어 합니다. 그래서 누구나 다 갖고 싶어 하는 가치이기 때문에 서로 경쟁과 갈등을 하게 되는 것입니다.

한정된 권력과 한정된 재산과 또 제한된 명예를 놓고 개인과 집단과 지역 간에 서로 경쟁하다 보면 갈등이 생기기 때문에 체제는 이 중요한 3P, 권력과 부와 명예를 어떻게 하면 파이(pie)처럼 크게 만들어서 동시에 이를 공정하게 조화 있게, 정의롭게 배분하느냐 하는 문제입니다. 이것이 여러 사람이 모여 사는 체제 속에서는 다 같이 해결해야 할 공통된 숙제입니다.

그래서 이 문제를 놓고 우리 자본주의 체제는 이렇게 해결을 하겠다, 또 우리 사회주의 체제는 저렇게 해결을 하겠다, 또 제3의 체제를 만들어서 우리는 이렇게 해결을 하겠다, 이런 상황에서 많은 체제가 등장이 된 것입니다. 그리고 대부분의 체제 실험은 실패하고 끝났습니다. 사회주의 체제도 실패했기 때문에 붕괴되었거나 붕괴되는 과정으로 가고 있습니다. 다만, 자본주의 체제인 자유민주주의 체제는 아직도 그 생명력을 유지하고 있습니다.

그렇다면 우선, 첫번째 질문이 사회주의 체제는 붕괴되거나 많은 변화를 가져왔는 데도 불구하고, 왜 자유민주주의 체제 내지는 자본주의 체제는 왜 생명력을 가지고 지속될 수 있었을까 하는 부분에 대한 답변을 우리가 찾아봐야 됩니다. 그래서 다음 [그림 1]을 보면 이것이 자유민주주의 체제의 기본 틀입니다.

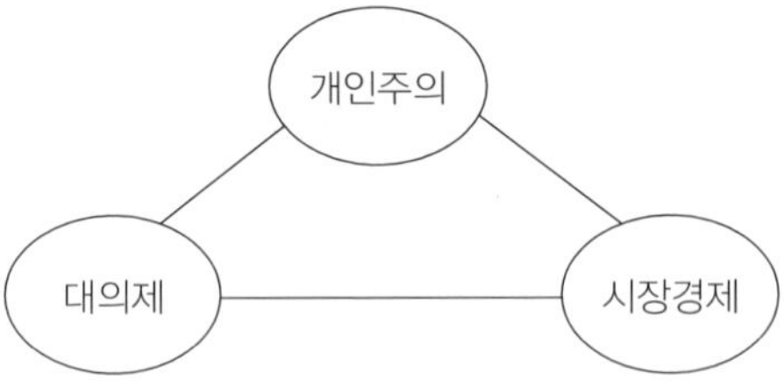

[그림 1] 자유민주주의 체제의 기본 틀

자유민주주의 체제라고 하면 정치적으로 대의민주주의, 경제적으로 시장경제, 그리고 사회적으로 개인주의 인자로 구성되어 있습니다. 이 세 가지 인자가 서로 긴밀히 연결되어서 내적 균형을 이루고 있는 체제가 자유민주주의 체제입니다. 우리가 지향하는 체제이지요.

우선, 정치적으로 대의제 또는 대의민주주의라고 하면 세 가지 전제조건이 충족이 되어야 됩니다. 우선, 복수정당제가 허용이 되어야 하고, 정당이 두 개 이상 존재해서 서로 경쟁을 해야 된다는 그러한 조건이고요. 그리고 자유경쟁이 보장되어야 합니다. 그런 속에서 국민이 직접 투표를 통해서 대표를 선출해야 되는 이 조건이 충족되었을 때 우리는 그 정치 체제를 대의민주주의 체제라고 합니다.

지금 우리나라도 완전하지는 않거나 제대로 조건이 다 충족되어 있지는 않지만, 우리는 지금 국민투표를 통해서 대통령, 국회의원을 뽑고 또 주민투표를 통해서 지방의 대표를 뽑는 지방자치제를 하지 않습니까? 또 어쨌거나 정당이 아직은 제도화되고 선진화되지는 않았지만, 두 개 이상의 정당이 있습니다. 또 경쟁도 어느 정도는 보장이 되어 있습니다. 그래서 대의제를 하고 있고, 그 다음에 경제적으로 시장경제입니다. 그래서 시장경제도 세 가지 조건이 충족될 때 시장경제가 가능해집니다. 사유재산이 보장되어야 하고, 그리고 영리를 추구하는 행위도 보장이 되어야 합니다.

그래서 우리가 장사를 해서 이윤을 남기고 자본을 굴려서 이자를 취득하고, 이렇게 해서 영리를 추구해서 그것을 자기 재산으로 만들 수 있는 그 권리가 보장이 되어야 합니다. 그리고 역시 이 시장경제도 자유경쟁을 기본으로 하고 있습니다.

이 세 가지 조건이 충족될 때 우리가 그것을 시장경제라고 하지요. 그 다음에 사회적으로는 개인주의입니다. 그래서 우리는 개인주의를 이기주의로 이렇게 생각을 하지만, 사실은 이기주의와 개인주의는 조금 다른 것입니다.

개인주의는 개인의 자유와 권리가 최대로 보장되는 사회, 어떤 집단이나 국가가 아니라 집단이나 국가의 권리보다는 개인의 자유와 권리가 더 우선시 되는 사회가 개인주의 사회라고 합니다. 이와 같이 개인주의 사회는 역시 마찬가지로 세 가지 조건, 즉 능력과 실적 중심의 사회, 자유와 책임이 조화를 이루는 사회, 그리고 누구에게나 기회가 균등하게 주원지는 사회 이것을 개인주의 사회라고 합니다.

자유만 보장되면 이기주의지요. 자유와 책임이 조화를 이룰 때 개인주의가 되는 것입니다. 그래서 이 세 가지의 인자가 모여 결속되어 있는 것이 자유민주주의 기본 틀이라고 볼 수 있습니다.

오늘 시간은 이 자유민주주의 기본 틀만 이야기했고, 다음 시간에 계속해서 사회주의의 기본 틀, 그리고 제가 던진 질문에 대한 답변을 정리해서 이야기하도록 하겠습니다.

이번 시간 함께해 주셔서 감사합니다.

제 10 강 우리 자본주의 체제 잘 가고 있나

지난 시간에는 사회체제를 설명하는 가운데, 자유민주주의 체제의 기본형을 설명하다가 시간이 되어서 이번에 계속해서 이야기하고자 합니다.

지난번에 [그림 1]에서 보는 바와 같이, 자유민주주의 체제의 기본 틀은 정치적으로 대의제, 경제적으로 시장경제, 사회적으로 개인주의입니다. 이 세 가지가 긴밀히 연결되어 있는 체제가 자유민주주의 체제입니다. 이것이 우리나라가 지향하는 체제입니다.

그리고 이 세 가지 인자는 서로 단단히 결속이 되어 있어서 서로 떨어지기가 어렵습니다. 다시 말해서, 시장경제를 잘하려면 개인주의 사회여야 되고 대의민주주의가 충실해야 됩니다. 또 마찬가지로 대의제가 잘되려면 시장경제를 잘해야 하고 개인주의 사회여야 합니다. 이와 같은 자유민주주의 체제 또는 자본주의 체제와 아주 상반된 체제가 바로 사회주의 체제입니다.

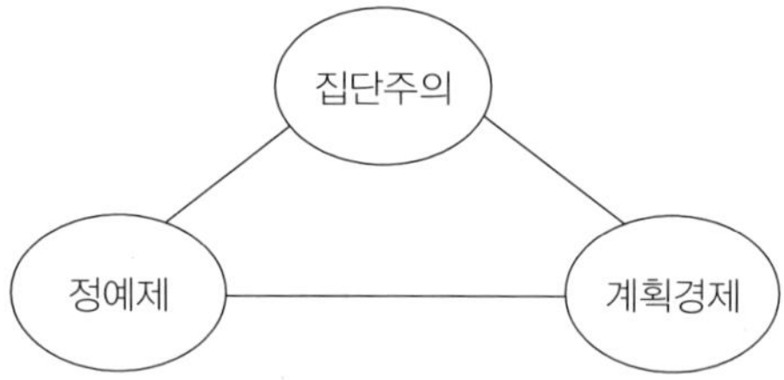

[그림 2] 사회주의 체제의 기본 틀

[그림 2]에서 보는 바와 같이 정치적으로 아주 상반된 인자, 즉 정예제(精銳制)라고 해서 임명제입니다. 사회주의 체제는 중앙의 대표든 지방의 대표든 그 대표를 당에서 임명을 합니다. 당에서 공산주의 이념에 가장 투철하고 또 전문적인 지식을 가진 이른바 홍전(紅專)이라고 하지요, 붉은 홍(紅) 그 다음에 전문적인 지식의 전(專), 그래서 홍전을 갖춘 엘리트를 당에서 임명하는 제도를 정예제라고 합니다.

그래서 이것은 대의제가 가지고 있는 복수정당제라든지 국민투표라든지 자유경쟁이 보장되어 있지 않습니다. 선거를 안 하지요. 물론 임명을 하기 때문에 선거를 하긴 해도 형식적이지요. 정당도 공산당이라는 유일 정당만 인정을 합니다. 그것이 바로 정예제입니다.

그 다음에 시장경제가 아니라 계획경제입니다. 그러니까 시장경제라고 하면 시장에서 '보이지 않는 손(invisible hand)'에 의해서 수요와 공급이 결정이 되는 것인데 계획경제는 어떻게 합니까? 당이나 정부에서 결정을 하는 것이고, 배급을 하는 것입니다. 시장기능을 통해서 균형점을 찾는 것이 아니라, 정부나 당에서 임의로 결정해서 배급을 하는 것입니다. 그것은 시장경제가 가지고 있는 모순과 비리를 비판하면서 만든 새로운 경제체제입니다.

또 정예제도 자본주의 체제가 갖는 선거라는 잘못된 제도를 인정하지 않는 것입니다. 즉, 선거를 통해서는 프롤레타리아(proletariat), 노동자 계급이 부르주아(bourgeois) 계급을 무너뜨릴 수 없기 때문에 선거를 없앤 것이 정예제입니다.

또 시장이라는 곳은 굉장히 사악한 곳이고, 시장이라는 곳은 속이고 속고 이런 일들이 이루어지는 굉장히 불공정하고 정의롭지 못한 기능을 수행하기 때문에 시장을 없애자 해서 만든 것이 계획경제입니다.

마찬가지로, 개인주의 사회는 이기주의 사회로 가기 때문에 집단주의, 개인의 자유와 권리보다는 집단의 자유와 권리가 더 존중되는 그런 사회를 만들자고 한 것이 집단주의입니다.

사회주의 체제는 이와 같이 자유민주주의 체제가 가지고 있는 인자와 아주 상반된 인자로 구성이 되어 있습니다. 그래서 이 체제도 1917년 탄생해서 1991년 사라질 때까지 74년 간 강력하게 이 체제가 유지되어서 자본주의에 끊임없이 공격을 했던 체제입니다. 그리고 자본주의 체제도 이 사회주의 체제가 가지고 있는 이념과 인자들에 의해서 굉장히 많은 비판을 받는 것이 자유민주주의 체제입니다.

따라서 이 사회주의 체제는 붕괴되었는데 자유민주주의 체제는 살아남았다 하면, 이 체제가 가지고 있는 각각의 인자가 자유민주주의 체제보다 열등한 것이 아니냐고 가정해 볼 수 있습니다.

다시 말해서, 정예제보다는 대의제가, 계획경제보다는 시장경제가,

집단주의보다는 개인주의가 더 우수했기 때문에 자유민주주의 체제가 살아남은 것이 아니냐 이렇게 볼 수 있지만 반드시 그렇지는 않습니다. 왜냐하면, 지금 우리 대의제는 이 전제조건을 다 충족시키고 있지 못한 경우가 많습니다.

또 시장경제는 이렇게 무한경쟁을 하고 영리를 추구하고 사유재산 보장을 하다 보니까 어떻게 되었습니까? 빈부격차가 심화되고 부패·비리가 생겼잖아요. 그렇기 때문에 시장경제가 반드시 계획경제보다 우수하다고 볼 수는 없습니다.

또 개인주의가 이기주의화된다면 집단주의만 못한 것입니다. 그래서 이 인자가 우수하기 때문에 자유민주주의 체제가 살아남았거나 생명력이 더 있었다고 보기는 어렵다고 보고, 차이점이 있다면 탄력성입니다. 체제비판에 대한 수용과 그 운영의 탄력성을 말합니다. 다시 말해서, 이 사회주의 체제는 자기네들의 인자로 구성된 체제가 유일한 체제, 절대적인 체제로 생각을 하고 이 체제의 내적 인자가 각각 가지고 있는 문제점과 모순을 해결하려는 노력을 하지 않았습니다.

그래서 결국은 이 체제를 운영한 결과 어떻게 되었지요? 평등한 사회를 지향한다고 했지만, 오히려 계급 있는 사회를 만들었어요. 이것을 '붉은 귀족'이라고 하지요. 노동자 농민이지만 노멘클라투라(nomenklatura)라고 해서 굉장히 귀족적인 노동자들이 생겨나게 된 것입니다. 체제 내에 계급이 생긴 것입니다.

뿐만 아니라, 계획경제는 빈곤의 평등을 가져왔지요. 그래서 이 사회주의 체제는 체제 운영의 결과 상당히 많은 국민들의 저항을 받게 되었습니다. 체제는 단단하다고 건강하고 생명력이 있는 것이 아니라,

단단하고 탄력성이 없으면 부러지게 되는 것입니다. 그래서 사회주의 체제는 하루아침에 부러지고 만 것입니다.

반면에, 자유민주주의 체제는 이 인자들이 각각 가지고 있는 문제점이 존재하기 때문에, 또 그것을 사회주의 체제가 계속 공격을 했기 때문에 그동안에 자유민주주의 체제는 오히려 탄력성을 가지고 이 인자의 문제점을 고치려고 노력을 꾸준히 했습니다. 그렇기 때문에 비판에 대한 수용탄력성, 그리고 그 비판과 함께 체제를 수정하는 데 활용하는 노력을 했기 때문에 체제에 대한 수정탄력성을 보여서 자유민주주의 체제는 살아남을 수 있었다고 해석하는 것이 더 설득력이 있습니다.

그리고 한 걸음 더 나가서 이 사회주의와 자유민주주의 체제를 비교할 때, 사회주의 체제는 이제 붕괴되었단 말이에요. 그러면 자유민주주의 체제 또는 이 자본주의 체제는 영원히 살아남을 것이냐는 것입니다. 저는 그렇지는 않다고 생각합니다. 오히려, 역설적으로 사회주의 체제가 존재해 있을 때 자유민주주의 체제는 오히려 더 건강하고 생명력이 더 있었다는 거예요.

그런데 사회주의 체제가 붕괴되거나 변화되면서 자유민주주의 체제가 우월주의에 빠진 것입니다. "아, 우리 체제가 가장 완벽한 체제다." 그렇게 되니까 이 체제가 불가피하게 가지고 있는 내적 문제를 해결하려고 하는 탄력성을 상실해 가고 있다고 봅니다. 그래서 위태해지는 문제를 해결하려고 하는 노력을 기울이지 않고 있다는 것입니다. 시장경제는 분명히 문제가 존재하고 있는 데도 말입니다.

예를 들어서, 시장경제는 승자와 패자가 생기지 않습니까? 그런데 그 승자와 패자가 고착화된다면 그것은 상당한 갈등 문제로 치닫게 됩니다. 따라서 경쟁이라고 하는 것은 무한경쟁만이 아니라 공정한 경쟁, 정의로운 경쟁이 고려되어야 합니다. 이 보완된 경쟁을 통해서 낙오된 사람에게 재활의 기회를 준다든지, 또는 소외되고 경쟁에서 뒤진 사람들에게 복지를 준다든지 하는 노력을 해야만 시장경제가 따뜻한 시장경제가 되고, 이 시장경제에 대한 불만과 저항이 사라지게 됩니다.

또 시장경제는 그러한 모순도 있지만 시장경제는 모든 것을 상품화하려고 하는 속성을 가지고 있습니다. 그렇기 때문에 절대로 상품화되지 않아야 될 이른바 우리의 인권에 관한 문제, 성에 관한 문제, 이러한 요소들은 절대로 시장에서 교환되거나 시장에서 사고팔아서는 안 되는데 시장경제에서는 그것이 가능하다는 말이에요.

그렇기 때문에 그러한 비리를 해결하려는 제도나 노력이 없으면 시장경제는 굉장히 천민화되고 또 인간의 소외현상, 즉 인간의 탈인권화를 가져올 수 있는 요소를 다분히 가지고 있습니다. 그래서 시장경제의 그러한 모순과 그러한 비리를 해결하려는 여러 가지 제도적인 노력, 그리고 최소한의 의지가 없으면 시장경제는 오히려 더 큰 저항과 비판을 받을 수 있습니다.

또 개인주의도 마찬가지지요. 이것이 이기주의화된다면 개인주의 사회는 상당한 비판을 받게 됩니다. 따라서 이 자유민주주의 체제도 사회주의는 물러나서 비판은 줄었지만, 스스로 우월주의에 빠져서 이 각각의 문제점을 보완하고 수정하려는 노력을 기울이지 않으면 자유민주주의 체제도 붕괴될 수 있음을 인정해야 합니다. 이 사실이 우리에게는 대단히 큰 교훈이고 시사점이라고 볼 수 있습니다.

따라서 우리는 대의제가 가지고 있는 약점을 직접민주주의로 보완을 해야 하고, 선거도 우리가 제대로 하는 선거를 해야 합니다. 정당도 복수정당도 좋지만 각 정당이 제도화되고 선진화되어서 서로 대등한 경쟁이 이루어지도록 하는 대의민주주의의 중요한 기제로서 지방자치가 뿌리내려야 합니다. 지방자치를 제대로 해야만 대의제가 될 수 있거든요. 또 시장경제는 대단히 어렵고 중요한 문제입니다. 우리가 시장경제를 제대로 운영할 줄 알아야 시장경제의 과실도 얻을 수 있지만, 이 공산주의 체제를 만든 사람들, 마르크스와 레닌이 자본주의를 혹독하게 비판한 시장경제의 모순과 비리를 극복할 의지를 분명히 해야 합니다.

자본주의 체제는 노동자와 농민, 프로레타리아들을 정말 인간 이하로 만든다는 비판을 우리는 여전히 교훈으로 받아들여서 천민자본주의보다는 보다 더 성숙한, 따뜻한 자본주의를 해야만 이 자유민주주의 체제는 건강하고 생명력을 유지할 수 있다고 볼 수 있습니다.

따라서 지난 시간에 이어서 우리는 자유민주주의 체제와 사회주의 체제의 기본 틀을 이해함으로써, 우리 한국사회 또는 북한사회를 이해할 수가 있게 되고, 그 다음에 앞으로 이 사회주의 체제가 어떻게 변화되어 왔는가 또 변화를 하려고 하는가를 이해할 수 있습니다.

앞으로 중국과 동유럽과 북한의 변화 예를 들어서 설명드릴 예정입니다. 그렇게 되면 체제에 대한 이해도가 굉장히 커지고, 또 앞으로 우리 자유민주주의 체제를 지향하는 한국사회가 가야 할 길, 해야 할 일들이 정리가 될 수 있습니다.

그래서 우리가 사회체제를 이야기를 많이 하지만, 이런 체제가 가지고 있는 내용, 그리고 체제의 특징과 문제점을 이해하게 되면 우리 사회의 문제점을 더 정확하게 볼 수 있습니다. 또 문제를 정확히 봐야 그 해결방안을 제대로 제시를 할 수 있습니다.

그래서 다음 시간에 계속해서 이 체제 문제에 대해서 한 번 더 이야기하도록 하겠습니다. 끝까지 지켜봐 주셔서 고맙습니다.

감사합니다.

제11강 사회주의 체제는 왜 붕괴되는가

요즘 아주 가을 하늘이 맑고 높습니다. 또 단풍이 물들어가는 아주 아름다운 계절을 맞고 있습니다.

우리가 지난 시간에 사회체제 문제를 논의했거든요. 저는 지난 시간에 이어서, 대표적인 사회체제로서의 자유민주주의 체제, 그리고 사회주의 체제, 이 두 체제를 비교하면서 자유민주주의 체제가 사회주의 체제보다는 더 건강하게 지금 생존력을 유지하고 있는데 그 이유는 어디에 있는가? 그러면 자유민주주의 체제는 앞으로도 계속 살아남을 것인가? 아니면 사회주의 체제처럼 붕괴될 수도 있겠는가? 이런 이야기를 좀 나눴으면 합니다.

오늘도 계속해서 사회주의 체제를 이야기하면서 체제변화에 대해 이야기하고, 마지막으로 남북통일에 대해서 이야기하고자 합니다. 지난번에 이야기한 것을 다시 한 번 정리하면, 자유민주주의 체제의 기본 틀은 정치적 대의제, 경제적 시장경제 바로 시장경제를 하기 때문에 우리가 이것을 자본주의 체제라고 합니다. 자본주의는 시장경제를 토대로 하기 때문이에요.

그리고 사회적인 개인주의로 이 세 가지가 연결되어 있는 것이 바로 자유민주주의 체제라고 설명한 반면에, 사회주의 체제는 정치적으로 정예제인데 그 이유는 선거라는 것을 사회주의 체제에서는 굉장히 부정적인 것으로 보았기 때문에 선거를 없애고 그 대신 당에서 임명을 하는 정예제를 채택을 했습니다.

그 다음에 역시 마찬가지로 시장이라는 기능을 아주 부정적으로 보았습니다. 그 이유는 시장이 인간성을 상실시키는 대단히 사악한 그런 곳이기 때문에 시장을 없애고 그 시장 역할을 정부가 대신하자는 것이 계획경제입니다. 그리고 역시 마찬가지로 개인주의 대신에 집단주의를 강조합니다. 그래서 애초에 사회주의 체제는 집단농장이라든지, 키부츠(kibbutz)라고 하죠. 이런 것을 통해서 집단적 생활을 강조하고 그렇게 해서 많은 성과도 낸 바 있습니다.

아무튼, 이 세 가지의 각각의 서로 다른 인자를 가지고 체제를 운영을 했던 사회주의 체제가 74년 동안 대단히 성공하는 듯 보였습니다. 그렇지만 결국은 이 체제가 경직되게 운영되고 말았습니다. 즉, 자기들이 주장하는 이념만이 절대 유일한 이념으로 이렇게 독단적인 생각을 했기 때문에, 결국은 다른 환경의 사회변화에 적응하지 못하고 붕괴되거나 혹독한 변화를 겪고 있다고 해석할 수가 있습니다.

반면에, 자유민주주의 체제는 사회주의 체제가 지적하는 문제를 수정・보완하는 탄력성을 보였기 때문에 지금까지 살아남을 수 있었다고 평가합니다. 그렇지만 사회주의 체제가 붕괴되어 비판이 사라진 지금 자유민주주의 체제가 다시 우월주의에 빠진다든지, 또는 체제의 모순과 문제를 수정하려는 노력을 게을리한다면 자유민주주의 체제도 붕괴될 수 있을 뿐만 아니라, 지금 여러 국가에서는 그런 위험한 상황들이 빚어지고 있습니다.

또 우리나라도 마찬가지로 자유민주주의 체제를 채택한 것을 다행으로 생각하고, 시장경제를 중심으로 해서 빚어지는 여러 가지 모순과 문제점을 해결하려는 노력을 게을리한다면 우리 체제도 결코 영원히 살지는 못한다고 볼 수 있습니다.

우리 사회도 지금 이른바 공산주의자들, 사회주의자들이 있거든요. 자본주의 체제를 부정하고 사회주의 체제를 선호하거나 열광하는 사람들이 분명히 존재하고 있습니다. 그런데 그런 사회주의자들과 공산주의자들을 없앤다고 해서 결코 사라지지는 않습니다. 왜냐하면, 우리 자유민주주의 체제가 건강하지 않다면 선거를 제대로 하지 못하고, 또 시장경제를 정의롭고 공정하게 운영하지 않게 되고, 개인주의가 아닌 이기주의적인 사회로 갈 수밖에 없기 때문에, 우리의 자유민주주의 체제를 부정하고 사회주의를 선호하는 세력이 계속 생길 수 있습니다.

다시 말해서, 사회주의자와 공산주의자들을 척결하려면 그들을 색출해서 잡는 것도 중요하지만, 우리의 자유민주주의 체제를 더 건강하게 계속 유지를 해야만 그런 세력들이 설 땅이 없어진다고 볼 수 있는 것입니다. 그렇다면 사회주의 체제의 붕괴 과정을 자세히 살펴보도록 하겠습니다.

먼저, 구소련이죠. 러시아의 체제가 왜 이렇게 변화를 겪고 있느냐? 원래 러시아가 1917년에 채택한 사회주의 체제는 앞서 설명한 바와 같이 정예제, 계획경제, 집단주의의 기본형으로 시작을 했습니다. 그런데 잘 알려진 바와 같이 고르바초프(M. Gorbachev)가 등장하면서 불가피하게 체제의 변화를 시도를 했거든요. 체제 기본형의 붕괴 조짐이 보였기 때문에 그렇습니다.

그래서 고르바초프는 이른바 페레스트로이카(perestroika, 개혁)라는 새로운 혁명적 노선을 천명하고 체제를 바꾸려고 했는데, 그 체제를 변화시키려고 한 것이 자유민주주의 체제의 전반적인 변화가 아니라, 정치적 정예제만 대의제로 개혁하고자 원했습니다. 그리고 나머지 계획경제라든지 집단주의는 그대로 유지를 하려고 했던 거예요.

그래서 대의제를 하기 위해서 고르바초프가 어떻게 했습니까? 고르바초프는 국민 직선에 의해서 선출된 대통령입니다. 국민 직선을 했죠. 대의제가 가지고 있는 전제조건을 충족을 한 거예요. 그리고 복수 정당제를 허용을 했습니다. 또 경쟁을 허용했어요. 그래서 대의제만을 채택을 하고 나머지는 그대로 유지하려고 했던 것이 페레스트로이카입니다.

그런데 이 대의제를 하고 보니까 계획경제에 대한 비판과 문제 제기가 일어났어요. 계획경제에 문제가 있다고 본 것입니다. 말하자면, 구소련 국민들을 빈곤으로 내몰았기 때문에 시장경제를 도입해야 한다고 보았습니다. 또 집단주의도 더 이상 경쟁력이 안 되고 있기 때문에 개인주의 사회로 가야 한다는 요구들이 생겨나게 되었습니다. 그 이후에 옐친(Boris Yeltsin) 대통령이 나와서 실제로 계획경제 대신에 시장경제로 이행을 했죠.

그러니까 이렇게 각각의 인자들이 서로 모순된 변화가 생기기 시작하니까 급기야 체제 자체가 혼란과 혼돈에 빠지게 된 것입니다. 그래서 애초에 러시아는 전반적인 변화보다는 정치적 민주주의만을 원했고, 그렇게 하려고 했는데 거기서 그치지 않고, 그 변화에 대한 욕망이 경제와 사회적으로 파장이 커지게 되면서 사회 전체가 혼란스러워지면서, 급기야 1991년에 1917년에 만들어진 체제가 74년 만에 붕괴가 된 것입니다. 그래서 지금 러시아는 새로운 자본주의 체제를 도입을 했고, 지금은 시장경제 또는 개인주의 사회로 이행을 하고 있는 단계라고 할 수 있습니다.

그 다음에 동유럽 국가들, 그 당시에 구소련과 인접한 루마니아, 불가리아, 알바니아, 폴란드 이런 나라들이 급격한 체제변화를 겪었지 않습니까? 특히, 폴란드를 중심으로 해서 동유럽 국가의 변화는 조금 다릅니다. 기본형에서 오히려 정치적으로는 정예제, 정치적으로는 계획경제를 유지를 하는 대신 사회적으로 집단주의에서 개인주의로 지향하는 그런 체제를 원하게 되었어요.

왜냐하면, 동유럽 국가들은 서유럽 국가들하고 지리적으로 인접해 있지 않습니까? 그래서 항상 서유럽에 대한 동경심이 강했어요. 서유럽으로부터 라디오를 통해 전파를 타고 넘어오는 서유럽의 문화가 동유럽 국가들, 특히 젊은이들을 강타하고 그들에게 많은 영향을 주면서 동유럽 국가의 사회가 개인주의를 지향하는 변화가 나타나게 되었습니다. 그런 개인주의 사회가 되다 보니까 정예제에 대한 반발, 즉 대의민주주의를 하자는 요구가 생겼고, 또 경제적으로도 시장경제를 하자는 요구가 생기면서 급기야 체제 전체가 흔들거리면서 붕괴가 된 것입니다.

여기에 더 결정적으로 작용한 것이 우리 대한민국이 1988년에 개최했던 서울올림픽입니다. 잘 알고 있겠지만, 서울올림픽은 오랜만에, 아마 8년 만에 동유럽과 서유럽, 미국과 구소련, 자본주의와 사회주의 국가가 전체적으로 만난 그런 완전한 올림픽이었습니다. 왜냐하면, 1980년에는 구소련의 아프가니스탄 침공을 명분으로 해서 모스크바 올림픽에 미국을 비롯한 서방 국가들이 불참하면서 반쪽 대회가 되었습니다.

1984년도 그 보복으로 LA올림픽이 동유럽 국가와 구소련이 참석하지 않아서 또 반쪽 대회가 되었는데, 8년 만에 서울에서 모든 국가가 다 모여서 완전한 올림픽을 하게 된 것입니다. 그 올림픽 때 왔던 동유럽 국가 선수들과 임원들이 대한민국을 직접 와서 보면서 큰 충격을 받았다는 것입니다.

오직 동유럽 국가나 구소련은 북한만을 알고 있었고 북한만 교류를 해서 북한사회만 잘 이해하고 있었는데, 우리 대한민국에 와서 당시에는 서울을 주로 보았기 때문에 대한민국이 북한과는 달리 너무나 발전했다고 평가했다고 합니다. 서울이야 우리 대한민국에서 굉장히 앞서 있는 발전된 선진지역이지 않습니까? 다시 말해서, 그 당시에 사회주의 국가들이 대한민국의 발전을 큰 충격으로 받아들여서 올림픽이 끝난 후에 자기네 국가로 돌아가서 사회체제에 대한 불만이 생기게 되었고 그것이 폭발했다는 것이 많은 학자들의 주장입니다.

그래서 서울올림픽이야말로 동유럽 국가 체제의 변화를 가져오는 결정적인 계기가 되었다는 것이 우리에게는 잘 알려지지 않았지만, 서방이든 동방이든 유럽 국가의 전문가들이 주장하는 내용입니다. 이와 같이 구소련 또는 동유럽 국가들의 체제는 이렇게 아주 급격한 변화를 겪으면서 진통을 겪은 바 있고, 이제 겨우 정착해가는 단계에 머물러 있다고 볼 수 있습니다.

그 다음이 이제 중국인데요. 이곳은 설명을 조금 필요로 할 것 같아서 다음 시간에 이야기하고 싶습니다. 왜냐하면, 지금 중국은 굉장히 비약적으로 발전하고 있지 않습니까? 특히, 경제적인 측면에서 G2 국가, 미국과 중국이 아주 투톱(two top)의 선진국으로 가고 있습니다. 그래서 중국이 이렇게 발전해가는 여러 가지 원인들을 살펴보는 데 이 체제 문제를 강의에서 빠뜨릴 수 없습니다.

그래서 다음 시간에는 중국의 체제변화를 한 번 보면서 우리나라와 비교를 하고, 또 중국과 밀접한 북한과의 관계를 살펴보면 우리가 최근에 급격하게 진행되고 있는 동북아의 질서에 관한 여러 가지 변화에 대해서 좀 더 이해의 폭을 넓힐 수 있습니다.

아무튼, 체제라고 하는 것은 근본적으로 이렇게 중요할 뿐만 아니라 전반적으로 체제 속에 있는 사람들에게 영향을 미치는 대단히 큰 변수이기 때문에, 체제가 안정되기 위해서는 체제가 끊임없는 개혁을 해야만 생명력을 유지할 수 있고, 또 탄력성을 가져야만 체제는 구성원들로부터 신뢰를 받는다고 볼 수 있습니다.

오늘 '자치펀치' 이번 시간은 여기서 마치도록 하겠습니다.

시청해 주셔서 감사합니다.

제 12 강 중국발전의 빛과 그림자

날씨가 많이 추워졌습니다. 일교차도 커졌고요. 건강에 유의하시기 바랍니다.

오늘 '자치펀치' 시간에는 줄곧 이야기하던 자유민주주의 체제와 사회주의 체제의 비교, 그리고 사회주의 체제의 붕괴와 변화를 설명하는 가운데, 그중에서 러시아, 동유럽을 설명했는데 오늘은 중국의 변화에 대해서 이야기하고 싶습니다.

중국도 알고 있는 바와 같이 1921년에 중국 공산당이 만들어졌고, 1949년에는 중화인민공화국이 탄생이 되었죠. 그리고 그 중화인민공화국, 그 사회주의 체제가 지향한 체제도 지난번에 이야기한 이 기본틀, 정치적으로 정예제, 경제적으로 계획경제, 사회적으로 집단주의라는 이런 기본 틀을 가지고 중국이 공산국가로 출범을 했습니다.

그리고 구소련이 철의 장막, 즉 아이언 커튼(iron curtain)을 오랫동안 쳐놓고 배타적인 정책을 했는데, 중국도 역시 마찬가지로 죽의 장막, 즉 뱀부 커튼(bamboo curtain)을 치고 외부와 단절한 채 배타적인 국가로 지속이 되다가, 1970년대 초에 핑퐁외교를 시작으로 해서 당시 닉슨(R. M. Nixon) 대통령 때 중국을 방문도 하면서 문호가 개방이 되었죠. 그리고 본격적으로 등소평 체제 하에 1978년에 비로소 죽의 장막이 걷혔습니다.

이렇게 중국이 급변하게 되면서 급기야 오늘날에는 G2라는 거대한 경제대국이 되지 않습니까? 이런 중국의 변화를 살펴보면, 거기에는 우리 대한민국과 굉장히 밀접한 관련이 있습니다. 또 오늘날 중국이 갖고 있는 빛과 그림자, 즉 성장에 따른 빛과 또 성장의 이면에 짙게 드리워지는 그림자가 동시에 나타나고 있어서, 중국의 미래를 내다볼 수 있는 좋은 기준이 될 수 있습니다.

또 중국을 제대로 봐야 우리가 앞으로의 통일 문제와 북한 문제를 제대로 다룰 수 있기 때문에 중국을 연구하고, 중국을 진단하고, 중국의 미래를 보는 것은 대단히 중요한 일입니다.

아무튼, 중국이 오랫동안 지향했던 사회주의 기본 틀에서부터 구소련이 망하고 중국이 경제가 성장하기 위해서는 이 기본형에서 벗어나서 새로운 체제를 1978년부터 새롭게 실험을 시작을 한 것입니다. 그 실험을 한 중국의 체제변화 역시 이 사회주의 체제의 기본 틀을 전부 바꾸는 것이 아니라, 계획경제를 시장경제로 바꾸는 것에 주력을 했습니다.

그러니까 정치적으로는 계속해서 정예제, 또 경제적으로는 계획경제에서 시장경제로의 전환, 그리고 집단주의를 기본적인 틀로 해서 출범한 것이 중국의 새로운 체제를 말합니다. 그리고 그것을 이른바 '사회주의 시장경제 체제'라고 하는 것입니다. 중국은 새로운 실험을 시작하는 것이죠. 그리고 그 시장경제로의 전환이 짧은 시간 동안에 중국의 엄청난 경제성장을 가져온 것입니다.

그런데 여기에 재미있는 일화가 하나 있습니다. 그것이 바로 중국이 계획경제에서 시장경제로 전환하는 아주 결정적 계기가 된 것이 한국과의 관계 속에서 일어난 사건에서 비롯되었다는 그런 분석이 상당히 설득력이 있습니다.

그 사건이 무엇인가 하면 1983년 5월 5일에 중국 민항기가 한국에 하이재킹(hijacking), 공중납치되었습니다. 그래서 그 당시가 기억나는지 모르겠지만, 5월 5일에 중국 민항기가 납치되면서 한국에 공습경보가 울리고 그래서 우리가 긴장했던 때가 있었거든요. 우리는 그 당시에 중국과 수교를 하지 않은 미수교 상태에서 상호 적대적 국가였습니다.

그래서 굉장히 긴장을 했을 뿐 아니라 당시에 초유의 사건이었기 때문에 이 문제를 다루는 데 있어서도 굉장히 양국이 긴장하는 정도였거든요. 그 비행기 속에는 96명의 승객, 그리고 9명의 승무원이 있었고, 거기에는 미국 사람도 있었고요.

또한 나중에 밝혀진 일이지만, 그 중국 민항기의 승객 속에서는 대단히 중요한 중국의 VIP들이 있었다는 것입니다. 항간에는 유도탄 미사일 전문가가 있었다는 이야기도 있고요. 어쨌거나 그 승객 속에는 중국의 대단한 실력자와 권력자들의 가족들이 있었다는 그런 나중의 이야기들이 있었습니다.

그렇기 때문에 중국이 그 납치된 비행기 문제로 인해서 굉장히 걱정을 많이 함과 동시에 문제를 다루는 데 상당히 어려움이 있었습니다. 특히, 우리나라와 수교도 안 되었기 때문에 비행기가 납치되고 미군 비행장에 억류되면서 협상이 비로소 시작이 되었습니다. 전례가 없는 일이기 때문에 대단히 어려운 협상이 진행이 되었고, 또 미국 승객도 있었기 때문에 미국이 중재를 했습니다.

그런 협상 과정에서 우리가 전례를 깨고 중국이 원하는 바를 거의 다 들어줬습니다. 그래서 당시에 인질범들을 격리시켜 구속을 하고 나중에 결과적으로는 승객들을 다 무사하게, 비행기까지 같이 중국에 돌려보내줬습니다. 그리고 인질범들은 대만으로 갔지만, 하여튼 중국이 원하는 바를 다 들어줬습니다. 그리고 우리가 한 걸음 더 나아가서 당시 승객들에게 아주 극진한 대접을 해줬어요. 승객들을 백화점도 데리고 가서 한국을 홍보했습니다. 심지어는 여러 회사, 포항제철이라든지 이런 회사도 가서 견학도 시켜주고 했기 때문에 당시 중국 승객들이 한국의 발전상을 지켜볼 수 있는 대단히 중요한 경험을 했다는 것입니다.

그리고 나중에 중국으로 돌아갈 때는 선물도 한 보따리 해줘서 비행기 하이재킹의 처리 전례에는 조금 벗어난 좀 지나친 대접이랄까? 그런 마무리를 지은 것이죠. 결국, 중국 민항기의 모든 사태가 종결이 되고 난 후, 중국의 승객들 특히 VIP들이 중국에 돌아가서 했던 말들이 중국에 대단한 반향을 가져왔다는 것입니다.

말하자면, 중국은 우리와 수교되지 않은 단절된 적대적인 국가입니다. 중국은 북한하고만 교류를 했지 않습니까? 그래서 죽의 장막이 걷히고 얼마 안 된 시점이니까, 중국이 생각할 때는 우리 대한민국이 북한과 비슷한 경제수준에 있다고 생각을 했는데, 한국을 직접 가서 목격하고 한국의 발전상을 지켜보니까 한국이 선진국이 되었다고 본 것입니다.

서울을 보고 백화점을 보고 유명한 회사들을 견학했으니까 정도 이상으로 한국이 선진국이 되었다고 과대평가가 되었고, 또 한국이 일본과 미국에 버금가는 선진국이 되었는데, 한국이 더 우수하다고 평가를 했다고 합니다. 왜냐하면, 짧은 기간 동안에 불과 6·25전쟁 이후 짧은 30년 동안에, 그 당시가 1983년이었으니까 우리가 1961년 경제개발되고 불과 20년이 된 시점 아닙니까? 그래서 짧은 기간에 미국과 일본과 어깨를 나란히 하는 선진국이 되었다고 평가를 한 것입니다.

그렇다면 중국의 전문가가 도대체 한국의 발전의 원동력이 무엇이냐고 반문하면서 깊은 연구를 시작했다고 합니다. 그래서 그 당시에 한국의 박정희 리더십과 박태준 리더십을 연구하는 붐이 일어났었다고 합니다. 그리고 새마을 운동에도 관심을 갖고 있었는데, 이들이 내린 결론이 무엇인가 하면 바로 체제 문제, 즉 한국의 체제가 한국의 경제성장을 가져오는 원동력이 되었다고 결론을 냈다고 합니다.

그리고 그 한국의 체제가 바로 다음의 체제라는 것입니다. 즉, 우리나라는 자유민주주의 체제라고 알고 있었지만, 중국이 들여다본 한국의 체제는 정예제, 시장경제, 집단주의라는 것입니다. 그래서 중국이 한국의 체제를 그대로 모델로 삼고, 우리 한국의 체제를 그대로 도입한 것이 중국의 사회주의 시장경제 체제라고 하는 것입니다. 그 결과, 중국은 그러한 체제도입을 통해서 비약적인 성장을 했습니다.

중국은 지금도 여전히 정예제를 하고 있어요. 국가 지도자를 당에서 임명을 하지 않습니까? 주요한 자리는 아직도 임명을 합니다. 그리고 복수정당도 아직은 허용을 안 하고 있습니다. 정치적 경쟁도 그렇게 보장이 안 되어 있지요.

그러나 시장경제는 아주 급속도로 진행을 해서 사유재산을 인정하기 시작했고요. 또 이윤추구를 보장을 했고, 자유경쟁을 시켰거든요. 그래서 이 시장경제는 굉장히 비약적으로 진화가 되었죠. 그리고 집단주의를 존중을 하는 데 개인주의적인 사상이 많이 들어가기 시작했습니다.

그러니까 중국은 우선 빛이 나는 긍정적인 측면에서 보면 중국은 이 체제를 통해서 성장을 한 거죠. 경제성장을 한 것입니다. 그러나 경제성장은 되었지만 심각한 문제가 새로 생기기 시작한 것입니다. 경제는 비약적인 성장을 했기 때문에 이 체제가 그대로 유지되기를 바라지만, 사실은 시장경제가 더 많이 발전이 되니까 어떤 문제가 생기기 시작했느냐 하면, 정예제 대신에 대의제를 하고 싶은 정치적 욕망이 생겨난 것입니다.

그리고 집단주의보다는 개인주의, 개인의 자유와 권리를 존중받는 그런 사상이 생기기 시작했거든요. 그래서 그런 사상들이 표출된 것이 바로 천안문 사태입니다. 천안문 사태가 1989년 6월 4일에 일어났거든요. 그때 경제가 성장이 되서 정치적 자유를 요구하는 대의제에 대한 요구, 즉 복수정당제를 허용해 달라는 것이 당시의 북경대학생들의 요구였습니다. 그런데 중국 당국이 어떻게 했습니까?

그 정치적 요구를 탱크를 통해서 제압을 했잖아요. 그러니까 아직 중국은 대의제를 인정하고 있지 않은 것입니다. 그래서 정치적 자유에 대한 요구, 즉 대의민주주의에 대한 요구는 지하로 들어간 것이죠. 그렇기 때문에 아직은 중국이 안정되어 보이지만, 앞으로 경제가 성장할수록 정치적인 자유에 대한 요구는 더 일어날 것이라는 점에 중국의 딜레마(dilemma)와 숙제가 있습니다.

마찬가지로, 시장경제가 잘되서 경제가 성장하는 것은 좋은데, 시장경제의 문제는 무엇인가요? 자유경쟁을 시키다 보니까 격차와 불평등의 문제가 생기는 것입니다. 특히, 노동자와 농민들의 격차와 소외 문제는 앞으로의 중국의 안정을 크게 위협할 것입니다. 그런 점에서 시장경제를 어떻게 앞으로 안정시켜나가면서 분배 문제와 불평등의 시정 문제를 어떻게 해결할 것이냐가 중국의 새로운 숙제입니다.

마찬가지로, 개인주의 성향이 커지기 때문에 집단주의에서 벗어나서 개인의 자유와 권리를 주장하는 목소리가 높아졌거든요. 그러니까 중국은 지금 경제가 성장해서 G2가 된 빛나는 성과가 있지만, 반대로 시장경제가 되면서 나타나는 정치적인 요구, 민주주의에 대한 열망 이런 것이 앞으로 더 표출이 될 것입니다.

또 개인주의에 대한 지향이 나타나게 되면 중국은 이 체제를 앞으로 어떻게 변화시켜나갈 것인가 하는 숙제가 있습니다. 그것을 잘못하면 중국도 체제에 대한 상당한 저항과 반발이 나타날 수밖에 없습니다. 이 또한 체제의 위협요인이 될 것입니다.

이런 점에서 우리가 중국 발전의 빛과 그림자를 지켜볼 수 있습니다. 아무튼, 결론적으로 체제라는 측면에서 볼 때 지구상에 완전한 체제는 없습니다. 따라서 중국도 계속 변화해야 하는 체제를 숙제로 가지고 있고, 우리 대한민국도 그런 점에서 체제를 꾸준히 변화시켜서 탄력적으로 만들어야 한다는 교훈을 얻을 수 있습니다.

'자치편치' 오늘 이 시간 여기서 마치겠습니다.

감사합니다.

제 13 강 남북통일 언제 어떻게 하나

오늘 이 시간에는 체제 문제를 마무리지어야 할 것 같습니다.

오랜 시간 동안 제가 체제 문제를 이야기했습니다. 왜냐하면, 최근의 역사교과서의 국정화 문제로 우리가 지금 굉장히 갈등을 겪고 있지 않습니까? 그리고 지금 우리 사회는 "진보다, 보수다, 좌파다, 우파다, 종북이다, 친북이다."라고 하는 이념적인 대립과 갈등과 함께 그것을 구현하는 체제 문제에 대해서 아직 우리 사회가 국민적 공감대를 얻지 못하고 있습니다.

그리고 보수, 진보에 대해서도 상당한 오류와 상당한 편견을 갖고 있습니다. 예컨대, 보수는 수구적인 반면 진보는 혁신적이다. 또는 보수는 독재적이고 진보는 민주적이다. 이런 식의 잘못된 이분화, 그러니까 진보나 보수같이 어떤 현상을 보는 태도나 우리의 정치적 사상과 이데올로기가 그렇게 정확히 이분화되는 것이 아님에도 불구하고, 그것을 이분화시키고, 양극화시키고, 또 절대화시키는 이런 문제에 우리가 지금 계속 거기에 머물러 있기 때문에 그렇습니다.

나아가 보수와 진보라는 사회변화를 보는 태도, 그리고 좌파와 우파라는 개인과 집단을 중시하는 기준에 따라서 개인적 가치를 중시하느냐, 집단적 가치를 중시하느냐 하는 좌파와 우파 문제도 서로 상당히 다름에도 불구하고 보수는 우파이고 좌파는 진보다. 또 좌파는 종북이고 친북이다. 이런 식으로 뒤엉켜 있을 뿐만 아니라 여기에 지역 문제까지 결부되어서 지금 국민들이 매우 혼란스러워 하고 있습니다.

그러나 지금 외국의 경우를 보면, 벌써 진보와 보수는 극좌와 극우에서부터 이미 상당히 중도 쪽으로 가고 있습니다. 영국의 캐머런(D. Cameron) 정부는 상당히 보수당이지만 좌파 쪽으로 가서 사회주의 정책을 많이 수용을 하거든요. 불평등 문제를 해소하기 위해서 노력을 하고 있습니다. 또 독일의 기민당이죠. 메르켈 총리, 보수당으로서 장기집권을 하고 있지 않습니까. 그런데 거기도 정통 보수에서 벗어나서 상당히 사회주의 정책을 많이 하고 있고, 또 실제로 사민당과 연정을 하면서 상당히 사회를 개혁적으로 만들어가고 있습니다. 이렇게 지금 외국의 선진국들은 보수와 진보 개념이 중도 쪽으로 몰리면서 사회변화를 하고 있거든요. 그런 모든 변화들은 자유민주주의 체제라는 틀 속에서 이루어지는 것입니다.

그리고 변화를 보다 더 실용적으로 지속 가능하게 하려고 만드는 것입니다. 그런 점에서 우리가 진보와 보수, 좌파와 우파 이것을 가지고 진영논리에 의해서 우리 국민들을 편 가르고, 또 본의 아니게 그런 쪽으로 이것을 프레임화(framed)해서 선거에 활용을 하려고 하는 이런 움직임들이 우리의 경우에는 조금 걱정이 됩니다.

그래서 우리는 좀 더 보수와 진보에 대해서 알아야 합니다. 이것이 서로 타도의 대상, 박멸의 대상이 아닙니다. 보수는 진보를 없애야 하는 파괴의 대상이 아니고, 진보도 보수를 박멸하는 대상이 아니라 서로 경쟁하고 서로 국가 발전과 국민 행복, 또 사회의 긍정적인 변화를 위해서 서로 경쟁하는 관계로 가야만 균형을 유지하고 바른 방향으로 국가가 갈 수 있다고 볼 수 있습니다.

물론 극좌와 극우는 안 되죠. 극우의 파시즘(fascism)도 안 되고 극좌의 공산주의도 이미 낡은 이념과 체제가 되었습니다. 그렇다면 우리는 건강한 보수와 건강한 진보가 서로 경쟁해서 선의의 경쟁을 통해서 우리 대한민국을 선진화와 통일화로 가야 하는 숙제를 안고 있는 것입니다.

그런 점에서 저도 지난번에 이야기한 대로 중국이 그런 체제의 변화를 해나가고 있는데, 그 체제변화가 우리가 보는 긍정적인 측면이 있고 또 우려스러운 측면이 있지 않나 하고 보는 것입니다.

마지막으로, 북한의 경우입니다. 북한은 지금 구소련의 붕괴도 지켜봤고, 동유럽의 어려운 변화 과정도 지켜봤고, 또 지금 중국의 변화도 가까이서 보고 있습니다. 중국의 대변화에 대해서는 천지개벽이라는 표현을 할 정도로 중국을 부러워하고 있거든요.

북한은 지금 어렵잖아요. 경제가 어렵고 아직도 빈곤 문제를 완전히 해결하지 못했습니다. 그래서 북한은 중국을 보면서 발전의 목표와 방향을 나름 찾고 있습니다. 그렇다면 중국을 보고 배워야 하는데 중국을 들여다보니까 역시 시장경제를 하지 않으면 경제가 살아나기 어렵고, 빈곤의 문제를 해결하기 어렵다는 것을 익히 알고 있습니다.

그래서 북한도 이미 개성지구라든지 나선지구를 시장경제 지역으로 만드는 노력을 하기는 했습니다. 나진·선봉, 즉 나선지구죠. 그런데 시장경제라고 하는 것은 제한적으로만 이루어지는 것은 아니거든요. 여기서만 시장경제를 해라. 즉, 개성에서만 해라. 나진·선봉에서만 해라. 이것은 시장경제의 효과를 극대화시킬 수 없습니다.

그런데 북한의 고민은 무엇이냐 하면 시장경제를 다 하고 싶은데, 시장경제를 해야만 경제를 살릴 수 있는데, 인민들의 빈곤을 벗어나게 해 줄 수 있는데, 시장경제를 할 수 없는 이유는 시장경제를 하면 여기서 그치는 것이 아니라 어떻게 된다고 했죠? 국가는 기본적으로 사회주의 기본 틀을 가지고 있잖아요. 그래서 계획경제를 시장경제로 바꾸면 거기만 바뀌면 괜찮겠는데, 그렇지 않고 정예제에 대한 도전이 생기고 정치적 자유를 요구한다는 것을 알고 있기 때문입니다.

구소련도 그래서 망했고 지금 중국도 그런 현상이 일어나고 있기 때문에, 북한도 시장경제를 하면 대의제에 대한 민주적 요구가 폭발할 것입니다. 그러면 북한의 3대 세습 정권이 대단히 위험해집니다. 그런 불안감을 가지고 있는 것입니다. 마찬가지로, 집단주의도 개인주의 사상이 들어가면 이것도 무너집니다. 그러면 계획경제만 시장경제로 바꾸고 싶은데 거기만 바뀌는 것이 아니라, 나머지가 다 흔들거리면서 구소련과 같이 붕괴되든지, 또 새로운 체제로 바뀌어갈 수밖에 없다면 북한의 정권은 대단히 위험해진다는 고민이 있는 것입니다.

그래서 북한은 시장경제로 가야 하는 그 길은 알면서도 선불리 가지 못하는 그런 딜레마(dilemma)가 있습니다. 그렇다면 우리 대한민국은 그런 모든 사회주의 체제의 변화를 지켜보면서, 우리가 통일로 간다면 결국은 자유민주주의 체제로 가야 하겠죠. 그렇다면 우리가 통일을 정말 원한다면 북한의 체제가 붕괴되기를 바라서 우리 체제로 가는 통일의 한 방법을 생각할 수 있겠지만, 사실 그것은 굉장히 많은 비용이 들고 또 북한도 거기에 대해서 굉장히 오랫동안 저항을 할 것입니다.

저는 대한민국의 통일 그것도 우리 체제로의 통일을 우리가 정말 원하고 또 그것이 빨리 이루어지려면 북한의 붕괴를 손꼽아 기다리기보다는 우리의 이 자유민주주의 체제를 더 건강하고 더 탄력적으로 만들어야 한다고 강조하고 싶습니다. 다시 말해서, 대의제가 가지고 있는 본질에 충실한다 하더라도 대의제 자체는 한계가 있거든요. 그러면 이 대의제의 한계를 보완하는 직접참정제를 적극 도입을 해야 합니다. 시장경제도 장점도 있지만 단점이 많지 않습니까? 시장경제는 불평등을 양산하고 인간의 소외현상을 가져오거든요.

그래서 그런 문제를 해결해나가는 노력을 우리가 게을리하지 말아야 합니다. 개인주의도 이기주의가 되면 안 되지 않습니까? 그래서 이러한 문제들을 해결하기 위하여 체제의 계속적인 보완·수정을 우리가 해나가면서 우리의 체제를 건강하게 만들 때 북한 인민들은 우리 체제를 동경하고 우리 체제를 신뢰하게 될 것이라고 생각합니다.

만일 우리 체제가 계속해서 여러 가지 문제를 가지면서 시장경제가 보다 더 건전하고 보다 더 품위 있는 시장경제가 안 된다면, 북한 인민들은 우리 방식으로 만약 통일이 되었을 때 북한 인민들이 갖게 될 불이익은 커져서 시장경제 속에서 굉장히 어려움을 겪게 될 것입니다. 그런 상황을 고려한다면 그들은 통일을 원치 않을 것입니다.

통일이 되면서 자기들이 혜택을 보고 남북 모두가 같이 상생이 되어야지, 북한 인민들이 오히려 소외되고 격차가 생기고 더 못 살고 상대적 불균형이 심화된다면, 북한도 대한민국으로의 통일에 대해서 굉장히 주저하고 또는 저항을 할 것입니다. 서독과 동독의 통일과정에서 그런 문제가 심각하게 나타난 바 있습니다.

그러니까 우리 시장경제가 보다 더 건강해야 북한도 그런 시장경제 속에서 우리가 같이 가서 행복하게 살 수 있겠다, 그리고 불균형을 덜 가질 수 있겠다는 그런 신뢰와 자신감을 얻게끔 우리가 시장경제를 보다 더 건강하게 해야 합니다. 마찬가지로, 대의제도 지방자치도 더욱 활성화하고 남북교류도 더욱 활성화해서, 북한이 정치적인 자유를 가질 수 있는 그런 조건을 만들어가야 할 것입니다.

우리 사회도 정말 이기주의가 아닌 개인주의 사회로 가야만 우리가 통일되었을 때, 통일 전보다 더 나은 삶을 살 수 있을 것입니다. 우리나 북한이나 그런 점에서 우리 대한민국의 체제를 지켜보고 있고, 우리 체제가 건강한 체제구나 그래서 통일을 해도 우리가 살아갈 수 있는 체제가 되겠다는 그런 믿음이 생겨나야 합니다. 그런 날까지 우리는 이 자유민주주의 체제를 수정・보완하고 건강하게 만들어야겠습니다. 그것이 통일을 앞당기는 길이요, 통일을 정당화하는 길이라고 생각합니다. 그냥 북한의 체제가 붕괴되서 통일이 되면 오히려 통일 이후에 더 많은 아픔과 더 큰 고통이 따를 수밖에 없습니다.

그러니까 우리 체제를 건강하게 해서 북한이 자연스럽게 우리 체제를 존중할 수 있도록 그렇게 해나가는 것이 우리 통일을 정당화시키는 길이고, 통일을 앞당기는 길입니다. 저는 그렇게 주장을 하고 싶습니다.

아무튼, 오늘 '자치펀치' 이 시간은 그동안에 체제 문제에 대해서 오랜 시간 이야기를 했고, 또 그 체제의 변화 속에서 우리 대한민국의 모습과 대한민국의 문제점과 통일을 향한 우리의 숙제를 이해 · 정리하고, 이를 해결하기 위해 다양한 준비해야 한다는 점을 이야기하고 싶습니다.

끝까지 함께해 주셔서 감사합니다.

제 14 강 국정교과서 문제 어떻게 해결해야 하나

오늘은 조금 놀라셨죠? 제가 잘못하는 오카리나(ocarina) 연주를 감상하셨습니다. 그간 틈틈이 혼자 연습해온 것을 오늘 한 번 용기를 내서 연주했습니다. 좀 서툴고 부족한 연주 실력이지만 즐거운 마음으로 들어주시면 좋겠습니다.

제가 오카리나를 나비넥타이까지 매고 연주했던 이유는 오늘 제가 이야기할 주제가 너무나 딱딱한 내용이기 때문입니다. 다시 말해서, 지금 우리는 역사교과서 국정화 문제 때문에 이른바 보수, 진보, 좌파, 우파, 이런 부분이 너무 극렬하게 대립하고 있지 않습니까? 그래서 제가 오늘 그런 것을 조금 푸는 의미에서 이렇게 오카리나 연주를 통해서 분위기를 조금 부드럽게 하고 강의를 시작하려고 합니다.

우리 사회가 지금 보수, 진보, 좌파, 우파 또는 종북에 이르기까지 너무 극단적으로 이분화되고, 또 양극화되고 그 속에서 아주 대립이 극화되는 어려운 상황에 지금 놓여 있습니다. 물론 국정교과서 문제도 그렇지만, 그동안에 우리가 줄곧 첨예하게 대립되었던 사회적 이슈들이 전부 보수, 진보, 좌파, 우파 문제에 연루가 되어서 본의 아니게, 우리 모두는 그런 사상이나 생각에 인위적으로 분류되는 그러한 어려움도 있었습니다.

그런데 역사적으로 보면 보수주의다, 또는 진보주의다 하는 문제는 하나의 우리의 생각일 수도 있고, 어떤 현상이나 정책을 보는 우리의 태도일 수도 있습니다. 그런데 보수다, 진보다 이렇게 나누는 것은 어떻게 보면 굉장히 상대적인 것인데도 불구하고, 우리는 이것을 절대적으로 보고 있거나 적대적으로 보고 있습니다. 다시 말해서, 보수는 진보를 타도의 대상, 또 진보는 보수를 박멸의 대상, 이렇게 제거를 시키는 아주 나쁜 사상과 생각으로 극단적으로 몰고 가고 있다는 데 문제가 있습니다.

애초에 18세기 보수주의와 진보주의 사상이 나타나게 된 것은 프랑스 대혁명(French Revolution)이 시작되면서 왕정체제가 무너지고 시민계급이 등장하면서부터입니다. 그러면서 이른바 진보적인 계급, 또는 진보세력이 나타나게 되었고, 또 그런 세력이나 집단이 정치화되어서 국민회의의 오른쪽에 앉아서 우파, 왼쪽에 앉아서 좌파로 분류가 되었습니다. 그런데 반드시 보수는 우파고, 진보는 좌파라고 정확히 구분되어 있는 것도 아닙니다.

물론 보수, 진보를 나누는 기준도 정확히 구분된 것은 아니지만, 대체로 사회변화를 추진하는 속도 내지 대상이 조금 빠르고 급진적일 때는 진보적인 것이고, 사회변화가 조금 단계적이고 실용적으로 또 현실적으로 가는 경우에는 보수라고 볼 수 있습니다. 따라서 보수도 당연히 변화를 추구하는 것입니다.

그래서 보수는 오직 수구고, 진보는 변화만을 추구한다는 것도 잘못된 개념이죠. 아무튼, 지금 우리는 이렇게 서로 상대적인 개념이면서 한 개인이 언제까지나 보수고, 언제까지나 진보는 아닙니다.

이를테면, 젊었을 때는 내가 진보일 수 있지만, 나이가 들면서 기존 제도를 중시하거나 기존 제도를 지키는 그런 보수적인 생각으로 자연스럽게 갈 수도 있는 것이고요. 또 지금은 정책도 보수와 진보로 정확히 나눠지는 것이 아니라, 정책마다 보수와 진보가 달라질 수 있습니다. 이를테면, 나는 국가안보에 관해서는 보수적일 수 있고, 반면에 사회정책이나 경제정책, 복지정책에 대해서는 나는 진보일 수도 있는 것입니다.

정책마다 보수와 진보의 개념의 구분이 다를 수 있는 것입니다. 그런데 우리는 지금 보수는 우파요, 또 우파는 수구요, 좌파는 진보고, 급진적이고, 또 심지어는 종북이라고 극단적으로 분류하는 우를 범하고 있습니다.

심지어 여기에 지역적인 개념까지 추가해서 영남이 어떻고, 호남이 어떻고 하는 식으로 해서 모든 것을 한 프레임(frame)으로 묶어서 양극화시키는 속에서 문제를 풀지 못하는 것입니다. 대표적으로 국정교과서 문제가 그렇습니다.

우리가 국정교과서의 내용이 친일이다, 독재다 하는 내용적인 문제를 검토하기도 전에 벌써부터 사람을 놓고 저 사람은 진보적인 사람이

다, 보수적인 사람이다. 그리고 이 당은 진보적인 정당이고, 저 당은 보수적인 정당이다. 이 역사학자는 진보적인 사람이고, 저 역사학자는 보수적인 사람이다. 이렇게 아주 전체적으로 그것을 양극화시키는 그런 문제 때문에 대립과 갈등이 심화되고 있습니다.

그리고 그렇게 분류된 사람들을 다른 시각으로 보는 것이 아니라 틀린 시각으로, 잘못된 시각으로 보고 그것을 타도와 제거의 대상으로 생각하는 아주 적대적인 사상의 양극화, 이것이 저는 굉장히 위험한 사고라고 생각합니다.

왜냐하면, 사회가 안정적으로 발전해나가려면 변화가 필요하고 그 변화에는 속도가 빠르냐 느리냐, 다시 말해서, 기존 질서를 중시하면서 실용적으로, 단계적으로 가느냐, 아니면 급거의 변화를 추구하느냐 하는 것은 시대적인 상황에 따라서 또는 정책에 따라서 다를 수 있는 것입니다.

그 시대 그 체제에 있는 구성원들의 생각에 따라 다를 수 있는 것입니다. 또 보수냐 진보냐의 문제는 변화의 속도와 대상에 관련되지만, 우파와 좌파의 문제는 개인의 자유와 권리를 중시하느냐 또는 공동체나 집단의 자유와 권리를 중시하느냐에 따라 나눌 수 있는데, 이 개념도 혼용되어 있어서 문제를 풀기가 어렵습니다.

그래서 그런 부분은 명확히 정해져 있는 것이 아니라, 시대마다 사람마다 그 사회가 필요로 하는 시대적 요구에 따라서 얼마든지 바뀔 수 있는 상대적인 개념인 데도 불구하고, 우리는 이것을 너무 극단화시켜 가고 있는 것입니다.

더욱이 지금 세계적인 추세와 우리를 비교해보면 지금 독일이나 영국이나 이런 유럽 나라들은 보수당들이 정권을 잡고 있습니다. 독일의 메르켈(A. Merkel) 총리는 2005년부터 정권을 잡았는데 기민당이니 보수당이죠. 또 영국도 캐머런 총리가 지금 집권해서 보수당 정권입니다. 단독 정부를 수립을 했죠. 그래서 보수당이 정권을 잡았지만, 이들이 내세우는 정책은 상당히 진보적입니다. 메르켈 총리도 야당인 사민당과 연정을 하고 있고, 또 그들이 주장하는 진보적인 정책, 예컨대, 빈부격차를 해소한다든지 노동정책들이 굉장히 진보적입니다.

그러니까 다시 말해서, 보수당은 상당히 좌파 쪽으로, 진보 쪽으로 상당히 접근해가고 있는 그런 특징을 나타내고 있습니다. 반면에, 캐머런 총리는 토니 블레어(Tony Blair)의 오랜 노동당의 장기집권을 무너뜨리고 보수정권을 수립을 했거든요. 그런데 캐머런 총리도 이른바 대처리즘(Thatcherism)이라고 하는 아주 강한 보수주의에서 벗어나서 진보적인 정책을 많이 하고 있습니다.

그렇기 때문에 지금 보수정당들이 진보와 상당히 접근해서 양극화되기보다는 중도적인 입장으로 가서 균형을 유지하면서 경제와 사회 발전을 유도하고 있다고 보면 됩니다. 그렇게 함으로써 체제의 안정을 찾고 있다는 사실이 우리에게 시사하는 바가 큽니다.

우리는 지금 오히려 진보와 보수정당이 양극화하고 있습니다. 우파는 너무 오른쪽으로 가려고 하고, 좌파는 너무 왼쪽으로 가려고 합니다. 그리고 양 정당들은 서로 상대방을 무너뜨려서 타도하려고 합니다. 그러니까 한 사회가 균형적으로 발전하고 올바른 방향으로 가려면 보수와 진보라는 양 날개가 균형과 수평을 유지해야만 바른 방향으로 갈 수 있습니다.

다시 말해서, 사회를 변화시키고 끊임없이 개혁해나가면서 올바른 방향으로 갈 수가 있는 데도 불구하고, 보수와 진보가 정말 한쪽의 날개를 완전히 제거해서 가려고 한다면 그것은 추락을 하겠죠. 날개가 하나 없어지면 곤두박질치는 것은 당연합니다.

그런 점에서 우리 정치와 사회는 지금 너무 극단적으로 간다고 봅니다. 우파, 보수가 너무 극단화되어 오른쪽으로 가면 그것이 극우 파시즘(fascism)이 되는 것입니다. 독재정권으로 갈 수 있죠. 또 반면에, 진보가 너무 왼쪽으로 가면 이미 낡아버린 사회주의 또는 공산주의 쪽으로 가는 그런 사상과 체제로 나타날 수밖에 없습니다.

그러니까 우리도 서로 보수와 진보라는 사상을 존중하고, 또 그런 정책의 장·단점을 잘 파악을 해서 국민들이 진정으로 행복하기 위해서는 보수는 중도 쪽으로, 또 진보도 중도 쪽으로 가는 세계적인 추세에 맞게 해야 합니다. 그렇게 가서 정책을 국민의 행복이라는 기준을 가지고 보다 더 실용적이고 현실적인 정책으로 가야 한다고 저는 주장을 하고 싶습니다.

그것이 우리보다 앞서 간 선진국들이 우리에게 주는 시사점이라고 볼 수 있거든요. 그래서 보수도 결국은 시대착오적인 낡은 사고방식을 자꾸 수구적으로 지킬 것이 아니라, 그런 것들은 과감하게 끊임없는 자기성찰을 통해서 변화를 시켜야 합니다. 그리고 잘못된 기존 질서는 과감하게 청산하는 노력이 필요합니다. 그런 보수를 우리는 합리적인 보수, 따뜻한 보수라고 말을 합니다. 결국은, 보수라는 것도 끊임없이 자기개혁을 해야 한다는 의미고요.

또 반면에, 진보적인 입장도 그것이 그냥 이상적인 구호나 비현실적인 이상론에 그치고, 또 너무 급진적으로 가서 오히려 사회적응력이 상당한 떨어져서도 안 됩니다. 더욱이 반대를 위한 반대를 하는 그런 것에서 벗어나서 보다 실현 가능한 정책으로 만들어가는 노력이 우리에게 필요한 것이 아닌가 하는 생각이 듭니다.

결국은, 보수든 진보든 중요한 것은 역시 개인의 자유와 권리를 존중하는 가운데 선택권을 존중하고, 결국은 상대방을 인정하는 그러한 기본적인 정신에서 출발이 되어야 합니다.

그리고 지금 우리나라는 사실은 더불어민주당이나 새누리당의 양대 정당이 있으면서 진보, 보수정당이라고 표명을 하고 있지만, 실질적으로는 양당은 거의 보수정당에 가깝습니다.

그렇기 때문에 정당의 이념이나 정당의 정책도 보다 정체성을 확립을 하고, 가급적이면 많은 국민들이 안심하고 정책에 대해서 지지를 하는 동시에 실현가능성과 지속가능성이 있도록 하려면 양 정당의 보수와 진보 세력들의 원만한 합의와 타협을 해서 합의를 이뤄내는 것이 대단히 중요합니다.

물론 경쟁은 필요하죠. 국민의 행복과 국가발전을 놓고 경쟁하는 것은 좋은데 이것이 극한적인 대립으로 가서, 더군다나 이 문제를 선거의 전략이나 선거 프레임(frame)으로 활용하려고 한다면 이것은 엄청난 사회 문제를 야기시킵니다.

그러니까 가급적이면 선거, 특히 2017년에 대선이 있지만, 선거의 당리당략적인 문제로 국정교과서 문제라든지, 기타 모든 사회적인 이슈를 양분화시켜서 프레임에 가둬서 선거승리전략으로 몰고 간다면, 우리 사회와 우리 국민들은 굉장히 많은 혼란을 느낄 뿐만 아니라 피해를 보게 될 것입니다.

저는 그런 점에서 진보나 보수의 개념을 다시 정립해야 할 필요성이 있고, 또 그 자세와 노력들을 다시 성찰해 볼 필요가 있다는 생각으로 오늘 이야기를 했습니다.

경청해 주셔서 감사합니다.

제 15 강 지방자치와 다문화사회 갈등해소

이번 육동일의 '자치펀치' 시간에는 요즘에 많이 우리가 목격하고 또 많이 듣고 있는 다민족·다문화사회 문제에 대해서 이야기하고 싶습니다. 이 문제도 굉장히 우리에게 중요한 사회적 변화라고 보거든요.

지난번에 고령화와 저출산 같은 문제도 보았지만, 우리 사회가 급속도로 지금 다민족·다문화사회로 가고 있습니다. 그리고 그것에 우리가 잘 적응하고 대처하지 않으면, 우리 사회에 또 하나의 큰 갈등과 혼란을 야기시킬 수 있다는 점에서 오늘 몇 가지를 살펴보려고 합니다.

이미 올해 국내에 체류하는 외국인이 190만 명을 넘어섰습니다. 우리 전체 국민의 3.7%나 됩니다. 1990년도에는 약 5만 명에 불과했기 때문에 20여 년 만에 약 40배 이상 외국인이 증가한 것입니다. 보통 전체 국민의 5%가 외국인에 의해서 구성이 된다면 그것은 본격적인 다민족·다문화사회로 간다고 평가를 하고 있습니다.

지금 선진국들도, 유럽의 국가들도 남미를 포함해서 외국인들이 많이 이민하거나 이주를 해서 큰 사회적인 갈등으로 나타나고 있습니다.

그래서 아주 끔찍한 사건들이 인종갈등이나 사회적인 갈등이라는 명분으로 아주 심각하게 나타나고 있어서 굉장히 고민을 많이 하고 있습니다. 우리도 서서히 이런 문제, 즉 다민족·다문화사회에서 나타나는 갈등과 여러 가지 문제들이 서서히 나타나고 있습니다.

특히, 우리나라는 5천 년 역사의 단일민족의 전통을 갖고 있는 그런 나라이기 때문에, 더더욱 다민족·다문화사회에 서로 조화를 이루는 데 지금 많은 어려움을 겪고 있습니다. 비근한 예로, 지금 우리나라에 결혼하는 8쌍 중의 1쌍은 외국인과 결혼을 한다고 합니다. 농촌은 그 비율이 더 높아서 4쌍 중의 1쌍은 외국인과 결혼을 하거든요.

그렇기 때문에 결국은 결혼한 다문화의 아이들이 지금 20만 명이나 자라나고 있습니다. 이 아이들이 처음에는 잘 적응하는 것처럼 보이지만, 학교를 가서 초등학교, 중학교, 고등학교로 갈수록 적응이 안 되기 때문에, 중도에서 탈락하거나 중도에서 학업을 포기하는 그런 다문화가족 자녀들이 많이 생겨나고 있다고 합니다.

이들이 갖는 사회적인 소외감이라든지, 불이익이라든지, 차별이라든지 이런 것을 느낀다고 하면, 앞으로 이들도 우리 대한민국의 국민이고 주민인데 나중에 이미 다민족·다문화사회에 가 있는 외국에서 나타난 사건·사고들이 나타나지 않으리라는 보장이 없습니다. 또 이들이 군에 간다면, 지금 가뜩이나 군에서 많은 사건들이 일어나고 병영의 문제가 생기는데 그런 문제가 더 커질 수도 있습니다.

그래서 다민족·다문화사회로 순조롭게 가기 위해서 우리가 가져야 할 자세들에 대해서 다시 한 번 생각을 해봐야 합니다. 특히, 우리나라는 단일민족인 반면, 대표적으로 미국 같은 나라는 다민족·다문화국가가 아닙니까?

그래서 대개 다수인종으로 구성되어 있는 국가냐, 단일인종으로 구성되어 있는 국가냐에 따라서 다민족·다문화사회로 가는 데 순탄할 수도 있고 대단히 어려울 수도 있다고 합니다. 우리나라는 단일민족이기 때문에 다민족·다문화국가로 가는 동시에 상당히 이질적인 사회로 가는 데 있어서나, 모든 것들이 서로 갈등을 해결해나가는 그러한 다원주의 사회로 가는 데 있어서 상당히 어려움이 우리에게는 있는 것이 틀림없습니다.

그것이 사회의 생물학적 분석이라고 하는 것인데요. 단일인종이냐, 다수인종이냐에 따라서 근본적인 차이가 있습니다. 왜냐하면, 단일인종은 모든 것이 같다는 데서 출발하거든요. 생김새도 같고, 풍습도 같고 언어도 같고, 사고방식도 같다는 것입니다.

이와 같이 단일인종 국가는 같다, 똑같다는 기본전제를 가지고 있지만, 다수인종은 애초부터 다르다는 전제에서 출발을 하거든요. 다민족이니까 생김새도 다르고, 생각도 다르고, 언어도 다릅니다. 그래서 이렇게 같다, 다르다는 사회적인 민족의 출발에서부터 차이점이 생긴다는 것이죠. 그 차이점이 어떻게 나타나느냐 하면 우선 이동, 지리적, 사회적 이동 면에서 차이가 나타납니다.

다시 말해서, 단일인종으로 구성되어 있는 우리나라를 생각해 보면 쉽죠. 우리는 한 번 선조가 자리 잡게 되면 그곳에서 자자손손 그

터에서 뿌리를 내려서 살아왔습니다. 농경사회 속에서 보면 그렇기 때문에 우리는 고향이라는 개념이 있죠. 그리고 고향을 떠나면 타향살이가 되고 타향살이는 굉장히 한으로 나타나게 됩니다. 그래서 우리나라는 고향을 그리워하는 노래도 많고, 또 우리가 명절에는 고향의 선산과 선영을 찾아가서 가족들이 같이 함께하지 않습니까?

그런데 다수인종으로 구성되는 국가는 이렇게 한곳에 자리 잡는 것이 아니라 끊임없이 지리적으로 이동을 하게 됩니다. 더 좋은 곳을 향해서, 서부를 향해서 이동을 합니다. 그렇기 때문에 가족이라는 개념은 있지만 고향이라는 개념이 없어요. 그래서 결국은 이 이동을 자유롭게 한다는 것은 어떻게 보면 지역의 균형발전을 이룰 수 있는 계기가 된다는 것입니다.

우리나라는 선조가 자리를 잘 찾아 비옥한 땅에 자리 잡으면 굉장히 잘살 수 있지만, 그렇지 않은 곳에 자리 잡으면 대대손손 못살 수 있어요. 그래서 지역의 불균형이 심화될 수 있다는 문제가 있습니다.

그 다음에 직업적인 이동 면에서 차이가 있습니다. 우리 단일인종은 자기 선조가 어떤 하나의 직업을 선택하면 자자손손 대를 이어서 그 직업을 맡게 되는 반면에, 다수인종은 직업적인 이동이 굉장히 심해서, 변화가 심하다는 것입니다. 그렇기 때문에 단일인종의 직업에는 귀천이 생기죠. 좋은 직업은 계속해서 이어가고 천한 직업도 대를 이어서 이어가게 되서 직업의 귀천이 생기게 된다는 것입니다. 그에 비해, 다수 인종은 여러 직업을 서로 다양하게 맡다보니까 직업의 귀천이 생기지 않는다는 것입니다.

또 하나 중요한 것은 인간관계에요. 단일인종의 국가에서의 인간관계는 굉장히 끈적끈적(wet)합니다. 우리는 사돈의 팔촌까지 인간관계를 잘 과학적으로 거리를 측정해서 관계를 만들고 있지 않습니까? 우리의 사돈의 팔촌이라는 인간관계의 기준은 굉장히 과학적이고 세계에는 없는 일입니다. 다수인종으로 구성되어 있는 국가는 사촌이 넘어가면 남이에요.

엉클(uncle)이나 앤트(aunt)나 이런 아저씨나 아줌마는 다 남이 되는 거예요. 그런데 우리는 사돈에서 팔촌까지 다 계산해서 하나의 친척이 되는 거잖아요. 그렇게 인간관계에 대해서 우리는 굉장히 중요하고 긴밀합니다. 그렇기 때문에 어떤 차이점이 나타나느냐 하면 외국의 다수인종으로 구성되어 있는 나라에서의 인간관계는 굉장히 무미건조(dry)하죠. 다시 말해서, 굉장히 타산적이고 그런 관점에서 업무를 객관적으로 처리할 수가 있는데 비해서, 우리는 인간관계가 업무에 깊숙이 개입이 된다는 차이가 있습니다.

그 다음에 또 하나 중요한 것이 다수인종으로 구성되어 있는 국가는 애초부터 다르다는 것에서 출발했기 때문에 갈등에 익숙합니다. 다름 속에서는 갈등이 생기고 그 갈등을 해소하는 능력도 생기기 마련이죠. 그런데 단일인종은 거의 갈등이 없는 상태에서 국가가 출발했기 때문에, 갈등이라는 것은 굉장히 나쁜 것이고, 중용(中庸)이 제일 큰 덕목이 됩니다.

그래서 갈등을 일으키는 것은 가정이나 사회에서 별로 바람직하지 않은 가치였기 때문에 갈등이라는 것이 가급적 나타나지 않는 것이 가장 바람직하다고 봅니다. 또 갈등이 부득이 나타난다면 경험이 없기 때문에 그 갈등을 해소하는 데 상당한 어려움을 겪게 됩니다. 그런 점에서 우리가 지금 여러 가지 갈등, 예컨대 지역갈등, 이념갈등, 세대 간의 갈등 이런 갈등이 우리 사회에 만연되어 있음에도 불구하고, 그것을 잘 풀어내지 못하는 것은 우리 단일민족이 가지고 있는 인종적인 전통성에서도 비롯되었다고 볼 수 있는 것입니다.

그렇기 때문에 민주주의에서 요구하는 타협과 협상, 그래서 합의를 이루는 그러한 갈등해소방식에 대해서 다수인종 국가사회는 이미 상당히 그 부분에 익숙해져 있다는 것입니다. 그러한 합의를 이루는 민주주의라고 할까요? 갈등을 해소하는 방법은 총칼을 들고 폭력을 쓰지 않으려면, 결국은 대화를 통해서 타협과 협상을 해서 합의를 이루는 수밖에 없습니다.

그리고 다수인종으로 구성되어 있는 국가도 대화를 통해서 합의를 이루는 민주주의를 완성하기까지는 엄청난 희생과 대가를 치렀습니다. 그러고 나서 얻은 교훈이 대화를 통한 타협과 협상, 그리고 합의를 이루는 민주주의 제도거든요. 그런데 우리는 이런 경험이 조금 취약하고 갈등을 많이 경험하지 않았기 때문에, 그리고 타협과 협상이라는 기술 또는 그런 문화가 아직 정립되지 못했습니다. 여전히 타협과 협상이라는 것을 우리는 야합으로 매도하는 경우가 많이 있지 않습니까?

오직 제로섬 게임(zero-sum game)을 하려고 하지, 양보를 통한 절충점을 찾는 것은 말하자면 선과 악의 깨끗한 개념이 아니고, 야합이고 영합이라고 보는 관점이 컸습니다. 그렇기 때문에 갈등을 풀기가 어렵고 타협과 협상을 하는 문화가 정착되지 못한 것입니다.

마지막으로, 다수인종과 단일인종의 차이점 중의 하나가 자유와 평등을 보는 가치입니다. 자유와 평등이 다 중요하죠. 민주주의의 핵심적인 가치입니다. 그런데 다수인종은 자유와 평등 중에서도 자유를 더 중요시합니다. 서로 다른 것을 갖는 자유, 즉 다른 것에 대한 존중입니다. 이런 것은 자유를 의미하니까 자유를 지키려고 하는 그러한 가치가 더 높죠.

그러나 단일인종으로 구성되어 있는 사회에서는 모든 것이 같아야 합니다. 그렇기 때문에 자유보다는 평등이라는 가치에 더 많은 점수를 줍니다. 그래서 단일인종으로 구성되어 있는 국가에만 있는 속담 중의 하나가 "사촌이 땅을 사면 배가 아프다."입니다. 이것이 재미있는 속담입니다. 왜, 같아야 하는데 왜 너만 땅을 갖느냐? 이것은 평등사회에 맞지 않는다는 표현이거든요.

그런 정도로 단일인종으로 구성되어 있는 국가는 평등을 중요시하기 때문에, 상대적인 박탈감 이런 것들을 심하게 느낀다는 것입니다. 그런 점에서 단일인종으로 구성되어 있는 국가는 평등이라는 가치를 중요시하는 사회주의에 대해서 매력을 갖는다는 해석도 가능합니다.

결론적으로, 이렇게 단일인종으로 구성되어 있는 국가는 어떻게 보면 화해의 사회이고, 또 인간관계가 끈끈하고 이동이 적고 타협을 잘 하지 못하는 그런 속성을 가지고 있기 때문에 갈등을 해결하고 민주주의적인 제도를 정착하는 데 상당한 진통과 어려움이 있다는 것입니다. 반면에, 다수인종으로 구성되어 있는 국가는 이미 사회가 출발할 당시부터 상당히 갈등으로부터 시작되었고, 인간관계가 대단히 건조하고 또 갈등을 많이 경험했기 때문에 민주적인 제도를 정착하는 데 상당히 유리한 조건을 오히려 가지고 있다고 비교를 하고 있습니다.

따라서 우리가 다민족·다문화사회로 가면서 많은 갈등을 이제 앞으로 겪게 되는데, 이 문제를 단일민족적인 특징으로 비추어 본다면 우리에게는 많은 노력과 새로운 문화와 또 새로운 정치적 전략, 기술, 태도들이 많이 필요하다고 볼 수 있습니다.

그런 점에서 우리가 많은 교육과 경험을 통해서 다민족·다문화 사회를 정착시켜 나가야 한다고, 오늘 '자치편치'를 통해서 이야기를 했습니다.

경청해 주셔서 감사합니다.

제 16 강 세종시 제대로 가고 있나

2015년이 시작한 지가 얼마 안 된 것 같은데 이제 불과 한 달밖에 안 남았습니다. 연말이 되고 보니까 여러 가지가 어수선합니다. 김영삼 대통령께서도 서거를 하셔서 온 국민들이 슬픔에 잠겨 있습니다. 또 연말에 정국이 풀어야 할 숙제가 많음에도 불구하고, 지금 과연 한 달 동안에 선거구 문제라든지 각종 법안 통과라든지 이런 것들이 과연 처리될 수 있을까 하는 걱정도 됩니다.

그중에서 저는 오늘 제가 살고 있는 충청권의 이야기를 하고 싶습니다. 얼마 전에 게재된 신문을 보면 세종시가 출범한 지도 벌써 3년이 넘었습니다. 세종시가 현재 아직은 건설 중이지만, 여러 가지 기대와 우려가 있습니다.

그런 와중에 서울–세종 간 고속도로를 건설한다는 계획이 발표되었습니다. 그래서 2020년부터 착공이 되어서 2025년에 완공이 되면 서울·세종 간의 거리가 굉장히 가까워진다고 합니다. 물론 충청권에서는 환영을 했지만, 이번 계획 발표를 통해서 세종시를 우리가 다시 한 번 점검해볼 필요가 있다는 생각이 듭니다.

거슬러 올라가면 알겠지만, 세종시는 2002년에 당시 노무현 대통령 후보가 대통령 공약으로 내놓은 아주 큰 국책사업이었습니다. 물론 지향하는 목표가 분명했던 도시입니다. 잘 아는 바와 같이 우리나라는 지금 수도권이 너무 과밀화되어 있기 때문에 수도권의 과밀을 해소해야 합니다. 그래서 세종시 건설을 계기로 해서 국토의 균형발전을 만들어보겠다는 것이 당시의 신행정수도의 기본적인 목표였습니다.

그런데 이 신행정수도가 2004년 10월 21일 위헌 판결을 받게 된 것입니다. 그래서 서울에 있는 중요한 중앙부처들이 지방으로 내려가는 것은 관습헌법에 위배된다는 다소 납득하기는 어렵지만, 어쨌거나 위헌 판결을 받아서 이게 일부 부처들만 내려가는 행정중심복합도시가 된 것입니다.

그리고 뒤따라서 이명박 대통령 정부 시절에는 행정중심복합도시마저 수정을 해서 경제·과학·교육도시로 만들려고 하는 수정 움직임이 있었습니다. 하지만, 현 박근혜 대통령이 그 당시에 한나라당(현 새누리당) 대표로서 수정안을 강력하게 반대하고 원안을 고수하는 그러한 정치적인 노력, 그리고 그 타협의 일환으로 세종시가 정리가 되서, 2012년 7월 1일에 세종시로 출범이 되었습니다. 그리고 2014년 말에 36개의 중앙부처와 15개의 중앙연구기관들이 다 내려오는 것이 결정이 되었습니다.

지금은 건축물도 많이 완공이 되었고 도로도 많이 정비가 되었지만, 아직은 어수선하고 여전히 건설 중에 있어서 불편한 점이 많습니다. 그런 와중에 공무원들이 상당히 내려왔고 또는 일부 공무원들은 아직도 출·퇴근을 하는 그러한 상황에 놓여 있습니다.

이렇게 세종시가 우여곡절을 거쳐서 10년 동안에, 그리고 많은 국가적인 논란, 갈등, 대립, 변질, 이런 것을 통해서 여기까지 왔는데, 과연 세종시가 제대로 자리 잡고 가고 있는가 하는 문제를 생각할 때 저는 기대와 우려의 생각이 동시에 듭니다. 왜냐하면, 지금 세종시는 작년 말에 인구가 무려 23만 명이 넘었습니다. 그래서 이런 추세로 가면 계획대로 2020년에 30만 명, 2030년에 50만 명이 되는 도시가 되기 때문에 지금 인구규모로는 계획대로 가고 있는 것처럼 보입니다.

그렇다면 그렇게 많은 에너지를 들여서 가고 있는 이 도시가 당초에 지향했던 목표, 즉 수도권의 인구를 끌어내리고 국토의 균형발전을 가져오는 결정적인 계기가 되고 있느냐 하는 점에서는 상당히 우려가 된다고 이야기하고 싶습니다. 왜냐하면, 세종시는 인구가 지금 급속하게 유입이 되고 있습니다. 그리고 다행히 서울 인구는 약간 감소하고 있어서 최근 1천만 명 선이 무너졌다고 합니다.

그러나 서울의 감소하고 있는 인구는 세종시까지 내려오지 않고 인근 경기·인천 지역에 이른바 수도권 내의 이전에 그쳐 있습니다. 그리고 세종시 인구의 증가는 거의 인근 충청권에서 인구가 유입됨으로써 인구가 증가되고 있고요. 예를 들어서, 지금 제가 살고 있는 대전시는 충청권에서 가장 큰 대도시죠. 인구가 2013년에 153만 5천 명으로 정점에 이르렀지만, 세종시가 출범한 이후로 지금 세종시로 인구가 유출이 되고 있습니다. 매년 1만 명씩 유출이 되었고, 2014년 7월, 8월, 9월 3/4분기 동안만도 무려 2,500명의 대전 인구가 세종시로 이전을 했습니다. 다시 말해서, 세종시에서 유입되는 인구의 절반 이상은 충청권에서 가고 있습니다. 그리고 충청권에서 가고 있는 인구의 절반은 대전시에서 가고 있습니다. 이 점이 저는 기대하지 않은 결과이고, 또 이런 추세로 간다면 이것은 세종시가 지향하는 목표를 달성하는 데 어려움이 있다고 봅니다.

그렇다면 지금 우리가 세종시를 건설해서 나타나는 문제가 있지 않습니까? 지금 정부부처가 이원화되어, 서울에는 여전히 청와대와 국회가 상존하고 있는 상황에서 많은 부처, 36개의 부처가 내려왔다고는 하지만 국정이 이원화되어 있는 상황입니다. 부처가 이원화되니까 국정운영도 이원화될 뿐만 아니라 거기에 따라서 공무원들이 세종시와 서울을 오가면서 많은 시간을 낭비하고 비용을 쓰고 있습니다. 나아가 국정운영에 차질을 빚을 수도 있고, 국회가 서울에 있기 때문에 국정감사를 하려면 많은 공무원들이 서울 여의도에 가서 머물러야 합니다.

그래서 지금 국무총리실도 세종시로 내려왔지만, 국무총리나 각부 장관들은 서울에 다 집무실을 두고 서울에 거의 상주하는 그런 형태로 세종시가 운영되고 있는 상황입니다. 그래도 우리가 세종시를 만든 이유는 그런 당분간의 국정비효율이라는 문제보다는 수도권 과밀해소와 국토 균형발전이라는 목표가 더 중요하다고 보았기 때문입니다. 이렇게 더 중요한 목표를 달성함으로써 문제점을 개선해나가는 차원에서 그런 우선순위를 두고 세종시를 만들었습니다. 그런데 지금 이야기한 대로 국정운영은 이원화된 상태로 있는 상황에서 세종시의 건설과 세종시의 진행과정이 충청권 인구를 끌어들여서 세종시가 만들어진다면 이것은 대단한 낭비가 되기 때문에, 세종시가 앞으로 어떻게 가야 하느냐 하는 문제에 있어서 깊은 고민을 해야 한다고 생각합니다.

여전히 애초부터 세종시를 반대한 국민들이 많이 있습니다. 주로 서울과 수도권에 살고 있는 국민들이 대부분입니다. 세종시가 통일 이후의 상황을 대비한다든지, 또는 경제적인 문제라든지 국정의 효율성 문제에서 지금 이런 상태로 계속 가게 되면, 아마 반대 여론이 더 높아지게 될 것입니다. 반대 여론이 높아진다는 이야기는 결국 세종시가 제대로 자리 잡는 데 커다란 걸림돌이 된다는 우려를 갖게 되는 것입니다.

그래서 지금 세종시가 단순히 인구를 증가시키는 그런 노력보다도 과연 이 세종시를 통해서 이루고자 하는 본래의 목표를 제대로 달성하기 위해서 필요한 정책과 제반 사업들을 재정비해야 합니다. 안 그러면 충청권 내에서도 상생이 이루어지지 않아서 공멸할 수 있습니다. 다시 말해서, 세종시는 세종시 자체의 자족 기능도 있어야 하지만, 충청권의 상생, 그리고 궁극적으로 수도권과 비수도권의 상생이 되는 것이 목표인데, 그렇지 못하다면 세종시는 오히려 상당한 문제 제기를 가져오고, 세종시가 정착하는 데 아주 어려운 난관을 맞게 될 것으로 저는 예상을 합니다.

또 서울에서 세종시 간 고속도로를 만들어서 시간을 단축해서 70분 이내로 이동을 할 수 있게 한다고 할 경우에도, 과연 세종시의 인구를 유입하는 데 도움이 될 것이냐, 아니면 더 출·퇴근을 많이 확대시킬 것이냐 하는 문제도 진지하게 고민을 해야 합니다.

그래서 고속도로를 새로 건설하는 것은 환영할 만한 일이지만, 이 계획을 계기로 해서 다시 한 번 세종시의 진행과정과 추구하고자 하는 목표, 그리고 지금 나타나고 있는 부작용들을 진단해서 앞으로 어떻게 해야 할 것인가 하는 과제에 대해서는 진지하게 다시 한 번 점검해볼 시점에 놓여 있습니다.

예를 들어서, 세종시를 더 많은 비용을 들여서 건설한다고 하면 제대로 목표를 내기 위해서 세종시에 제2청와대 집무실을 둔다든지, 국회분원을 둔다든지 해서 국정운영의 비효율성을 줄여야 할 뿐만 아니라, 서울에 있는 인력과 기능과 인구를 끌어내릴 수 있는 더 큰 계기점을 반드시 찾아야 한다는 것이 제 주장입니다.

또 한편으로는 충청권의 인구가 이렇게 세종시로 직결되는 문제를 어떻게 시정할 것이냐를 놓고 고민해야 합니다. 그래서 각자 충청권 내의 지역들이 각자의 지역 아이덴티티를 가지고 상생발전을 어떻게 이루어냄으로써 그야말로 세종시가 충청권 지역으로부터도 환영받고 같이 상생·공생 발전할 수 있는 그러한 세종시로 갈 수 있도록 하는 아주 세밀한 정책과 전략이 다시 필요합니다.

거기에는 교통정책, 주거정책, 교육정책 이런 것들이 다 연결이 되어 있습니다. 그래서 이것을 짚어보는 그런 중요한 계기가 이번에 교통, 특히 고속도로의 계획을 발표하는 데 점검해봐야 할 그런 숙제로 보고, 오늘 세종시 문제를 간단하게 다시 한 번 짚어봤습니다.

끝까지 함께해 주셔서 감사합니다.

제 17 강 교통 · 과학도시 대전은 이대로 쇠퇴하나

지난 시간에도 충청권과 세종시 이야기를 했지만, 오늘도 제가 살고 있는 대전시에 대해서 간단히 이야기하고 싶습니다.

우리 대전시는 잘 알고 있겠지만 비약적으로 발전한 도시입니다. 우리 대전이 발전될 수 있는 계기는 불과 100년 전인 1905년이죠. 정확하게는 110년 전이지만, 1905년에 경부선이 대전역을 통과하게 되었습니다.

원래는 경부선이 원래는 당시의 도청 소재지였다고 볼 수 있는 공주를 통과하기로 되어 있었습니다. 그러나 공주의 유림들이 철도가 들어오는 것은 조상들의 혼을 상당히 뺏는다고 반대하고, 조상들에게 이것이 해가 된다는 주장들을 많이 해서 그 차선책으로 대전에 경부선이 오게 된 것입니다.

당시 대전은 아주 작은 마을로서 리·면 단위에 불과했습니다. 대전군 대전면이 된 것도 1914년입니다. 당시는 진잠과 회덕의 작은 마을로서 인구도 불과 3천 명밖에 안 되는 그런 아주 작은 시골이었는데, 경부선이 들어오면서 비로소 대전이 세상에 알려지게 된 것입니다.

거기에다 1914년에는 호남선까지 대전에서 연결이 됨으로써, 그야말로 삼남의 관문이 되어서 대전이 비약적으로 발전하는 계기가 되었습니다. 그래서 1931년에는 읍이 되고 이렇게 척척 발전이 되는 과정에서 1932년에는 공주에서 충남도청까지 대전으로 이전을 하게 되었고, 1949년에 대전시가 되었습니다.

대전시가 될 당시만 하더라도 인구가 12만 6천 명 정도밖에 안 되는 그런 소규모의 도시였습니다. 그런데 대전은 그런 교통도시의 명성을 갖게 되면서부터 다른 여러 가지 좋은 혜택들이 대전에 들어오게 되었습니다.

1970년에는 경부고속도로까지 대전에 생기게 되었고, 철도에 이어서 고속도로까지, 즉 1973년에 호남고속도로까지 이곳 유성에서 갈라지게 되었습니다. 그러니까 철도도 요충지, 고속도로도 요충지가 된 것입니다. 게다가 1973년에는 유성에 있는 대덕에 연구단지가 들어와서 과학도시로서의 면모도 갖추게 되었습니다.

이런 상황들이 대전으로서는 아주 큰 행운이고 아주 탄탄하게 발전해가는 그런 도시로서 자리매김을 하기 시작한 것입니다. 그리고 뒤이어서 1993년에는 '대전엑스포 93'을 성공적으로 개최해서 전국에서 유명한 도시가 되었을 뿐만 아니라, 교통도시에 이어서 과학도시라는 도시 브랜드를 갖게 되었습니다. 또 비슷한 시기에 대전 인근에 계룡대, 자운대 같은 군 시설까지 들어오면서 국방도시로서의 면모도 갖추게 되었습니다.

거기에다 1998년에는 정부 제3청사까지 들어오는 아주 중요한 발전의 계기를 맞게 되었거든요. 그래서 청 단위의 한 14개 부처들이 들어오고, 공무원도 한 6천 명가량 들어와서 행정도시까지 되는 아주 탄탄대로의 발전의 길을 걸어왔습니다. 그러다 보니까 쉽게 인구가 100만 명이 넘어서서 2013년에는 최고점에 올라서 153만 5천 명까지 올라갔습니다.

그런 대전이 이제 굉장히 쇠퇴의 조짐이 보이고 있습니다. 왜냐하면, 2012년에 대전의 원도심에 있던 도청이 이전을 했죠. 홍성에 있는 내포 신도시에 도청이 빠져나간 것입니다. 그것이 대전의 원도심의 공동화를 가져오는 결정적인 계기가 되었습니다.

그것에 그치지 않고, 대전은 철도에 이어서 고속도로 그 다음에 KTX까지 2004년에 개통이 되었습니다. 그리고 호남선은 물론 2014년에 완전개통됨으로써 호남선까지 KTX가 다니는 KTX 시대에 삼남의 관문까지 되었습니다. 하지만, 2014년 말에 KTX가 통과하는 서대전역이 더 이상 KTX 호남선이 다니지 않게 되었습니다. 공주역으로 가든지, 아니면 익산역까지만 가게 되는 셈이죠.

따라서 대전이 삼남의 교통관문이라는 것이 이제 무너지기 시작한 것입니다. 그리고 일찍이 경부와 호남고속도로도 대전에서 갈렸는데, 2001년에 서해안고속도로가 생기게 됨으로써 고속도로의 삼남관문이라는 것도 그 명성이 훼손된 바 있거든요.

지금 그런 상황에서 대전이 그야말로 비약적으로 발전할 수 있는 교통도시라는 도시 브랜드(city brand)와 아이덴티티(identity)가 상당히 무너지게 되면서 공동화를 가속시키는 요인이 되었습니다.

그 다음에 과학도시도 마찬가지입니다. 1973년 과학도시가 대전 유성의 대덕연구단지에 마련이 되서 세계적인 한국 석학들이 많이 모여서 한국 과학발전의 요람으로 출발하지 않았습니까? 한국의 실리콘밸리 역할을 하게 되었는데, 최근에 와서는 과학도시의 여러 가지 기능이라든지 기관들을 분산배치를 하게 되었습니다.

정치적으로 나눠 갖는 식으로 광주도 가고 부산도 가고 포항도 가고요. 과학이라는 것은 선택과 집중이 대단히 중요한데, 이것을 분산배치하게 됨으로써 대전이 과학도시라는 아주 중요한 도시의 브랜드도 잃어버리게 된 것이죠. 이렇게 대전이 여러 가지 어려움을 최근에 와서 겪게 되면서 결국은 인구가 감소하기 시작했습니다.

그래서 1995년에 광역시가 되면서 매년 1만 명씩 증가해서 153만 5천 명이 되다가, 2014년부터 1만 명이 감소하기 시작한 것이죠. 그 1만 명이 세종시로 간다거나 청주 또는 천안과 아산으로 갔습니다.

그러니까 대전을 둘러싸고 있는 도시들이 비약적으로 발전을 하고 있습니다. 다시 말해서, 세종시가 출범이 되어서 계속 인구가 증가하고 있으면서 대전 인구를 상당히 유입해 가고 있습니다. 또 청주와 청원이라는 도시가 통합이 되어서 인구가 90만 명 가까이 되었습니다. 또 거기에는 오송과 오창이라는 생산단지가 만들어져서 청주와 청원은 물론, 충북 일원에 미래 먹거리와 일거리를 만들어 놓았습니다.

또 천안, 아산, 당진은 100만 명의 도시가 되었습니다. 수도권이라서 수도권의 전철이 내려오고 있고 또 수도권의 모든 경제가 이루어짐으로써 그곳에 이미 수도권이라는 마지노선이 쳐져 있습니다.

이런 대전을 둘러싸고 있는 도시들이 대전을 굉장히 위협하고 있음에도 불구하고, 지난 기간 대전이 차별화를 꾀하고 먹거리와 일거리를 만들어서 같이 경쟁하거나 상생할 수 있는 전략과 정책을 만들어 놓지 못했습니다. 그러다 보니까 대전이 이제 굉장히 위기에 놓이게 된 것입니다. 그래서 저는 대전이 갖고 있는 위기적인 요인이 네 가지로 정리가 된다고 생각을 합니다.

첫 번째는 도시 정체성의 위기, 즉 도시가 지향하고자 하는 미래 목표가 정립되지 못했습니다. 이제 국가 간의 경쟁보다는 도시 간의 경쟁 시대로 가고 있는데, 그러려면 도시가 뚜렷하게 정체성과 도시의 브랜드를 가져야 합니다. 그런데 대전이 그동안 잘 유지해왔던 교통도시, 과학도시, 국방도시 또는 행정도시라는 굉장히 좋은 여건을 제대로 지키고 그것을 뿌리 내리지 못한 결과 이제 도시 정체성의 위기를 갖게 되었습니다.

두 번째는 리더십의 위기라고 생각합니다. 대전이 그동안 정치행정의 지도자들이 있었지만, 지금 위기를 맞게 된 위기의 징후는 10여 년 전부터 일어나기 시작했는데, 지도자들이 그런 위기를 포착하고 그 위기를 막고 위기를 기회로 만들 수 있는 리더십을 발휘를 해야 하는데, 그렇지 못한 것이 지금의 이런 위기로 치닫게 되었다는 것입니다. 위기라는 것은 그 위기를 위기로 깨닫지 못하는 것이 가장 큰 위기입니다. 그래서 그 위기를 진단하고 위기에 대처하는 리더십이 부족했다는 사실을 부인할 수 없습니다.

그리고 세 번째는 마찬가지로 그렇게 위기상황이 나타나는 징후가 보이고 또 준비를 하려면 거기에는 아주 적시에 전략과 정책이 필요한 것인데도 불구하고, 그런 것이 전혀 준비가 안 된 채 우왕좌왕하고 정책을 제대로 마련하지 못했다는 것입니다. 다시 말해서, 대전의 위기에 대처하는 전략과 정책이 그동안 치밀하게 마련되지 못했다는 것이 위기를 가져온 요인입니다. 그리고 위기는 계속 심각해지는 데도 그 정책은 지금도 마련되어 있지 않다고 생각합니다.

마지막으로, 더 중요한 네 번째는 우리 시민들이 갖는 자신감 결여의 위기입니다. 우리 시민들은 지난 100년 동안에 도시 발전에 있어서 굉장히 중요한 큰 역할을 했고, 그 원동력과 에너지를 가지고 있었거든요. 그런데 최근에는 이런 위기 속에서 대전의 미래에 대한 자신감, 꿈과 희망을 잃어가고 있습니다. 결국은, 발전이라고 하는 것은 시민들을 위해서, 또 시민들에 의해서, 시민들에 의한 발전이 되어야 하는데, 그 시민들이 지금 상당히 위축되어 있을 뿐 아니라 불안하고 자신감이 결여되어 있다는 사실입니다.

이것은 도시 발전에 대해서 굉장히 중요한 위기입니다. 다시 한 번 시민들에게 새로운 꿈과 희망을 주는 것과 동시에, 시민들이 하나가 되어서 이 위기를 극복해나갈 수 있는 그런 계기를 만들어야 한다는 것이 우리의 과제라고 볼 수 있습니다. 그래서 저는 대전이 겪고 있는 이 여러 가지 쇠퇴의 조짐, 이것이 심각한데 별로 우리가 체감을 못 하고 있다고 생각합니다.

뭔가 이상하다, 불안하다, 이렇게 느끼면서도 이 위기를 체감을 못 하고 있다는 점이 가장 큰 위기인 셈이지요. 그 위기의 원인과 그 위기의 원인에 따른 앞으로의 우리가 가야 할 과제들을 지금 잘 진단하고 정리하지 않으면 우리는 더 큰 위기 속에 빠져들 수 있습니다.

저는 그동안 지역발전을 연구하고 또 지방자치를 연구하다 보니까 일찌감치 그런 징후들을 감지하게 되었습니다. 그래서 그런 위기를 계속 주장하면서 경고를 함과 동시에 그 위기 대처 방안 마련을 촉구했음에도 불구하고, 큰 변화가 없다는 것이 제가 보는 대전의 심각한 문제입니다.

저는 이렇게 간단하게 위기를 우선 진단하면서, 다음 시간에는 그러면 이 위기를 우리가 어떻게 극복할 것인가를 이야기하겠습니다. 우리는 극복할 수 있습니다. 그러나 거기에는 전제조건, 즉 치밀한 전략이 필요하고 새로운 리더십이 필요합니다.

그래서 그 문제에 대해서 다음 시간에 다시 정리해서 이야기하도록 하겠습니다.

함께해 주셔서 감사합니다.

제 18 강 대전의 중흥을 위한 비전과 전략

2015년도 이제 며칠 남지 않은 것 같습니다. 연말이라 바쁘시죠?

저도 이제 '자치펀치'를 시작해서 연말을 맞게 되었는데 여러분, 우리 그동안 17번을 만났고, 지금 18번째 인사를 하게 되었습니다. 금년 한 해 '자치펀치'를 통해서 이렇게 만나게 되서 저는 아주 큰 보람으로 생각을 하고 있습니다. 아무쪼록 남은 한 해 잘 마무리하시고 희망찬 새해를 맞도록 철저히 준비하시기 바랍니다.

지난 시간에는 우리 지역 이야기를 했습니다. 세종시가 잘나가야 하는데 지금은 조금 예기치 못한 현상들이 나타나고 있다고 했습니다. 그래서 다시 한 번 점검을 해서 세종시가 올바른 방향으로 나아가서 세종시가 지향하는 목표들, 즉 수도권 과밀을 해소하고 국가 균형발전을 이루는 거점도시로서의 역할을 하도록 다시 한 번 바로잡아야 한다는 이야기를 했습니다. 또 세종시와 함께 우리 인근에 있는 대전시도 상당히 지금 쇠퇴 조짐이 나타나고 있어서 침체 현상들이 감지된다는 이야기도 했습니다.

그와 같이 된 이유에 대해서 몇 가지 배경 요인을 살펴보면, 첫 번째는 우리 대전이 가지고 있는 도시 아이덴티티, 즉 도시의 정체성이 다소 상실되고 있기 때문입니다.

대전시는 그야말로 철도에서부터 시작해서 교통의 요충지로서 교통도시의 브랜드를 착실히 쌓아오면서 발전을 해왔습니다. 그런데 최근에 그런 도시 아이덴티티가, 다시 말해서 교통도시로서의 아이덴티티가 KTX 시대에 들어와서 조금 문제가 생겼을 뿐만 아니라, 현행 지하철과 고속도로 문제에서 볼 때 대전이 조금 교통도시의 관문에서 벗어나는 그런 아쉬움이 있습니다. 그리고 교통도시로 발전함으로써 대전이 과학도시도 될 수 있었고, 또한 행정도시와 국방도시까지 될 수 있는 대단히 중요한 토대가 되었는데, 지금은 교통이라는 브랜드에서 다소 조금 벗어나고 있다는 그런 이야기를 했습니다.

두 번째는 리더십의 위기입니다. 그러니까 이런 위기를 잘 포착하고 대처할 수 있는 미래지향적이고 전략적인 리더십과 소통하는 리더십이 필요한데, 그 부분이 아직 정립이 안 되어 있습니다. 그리고 위기는 우리가 잘 극복해서 위기를 기회로 만드는 전략과 정책이 대단히 중요한데, 그와 관련한 보다 치밀하고 체계적인 전략과 정책이 아직은 조금 마련되어 있지 않습니다.

그리고 마지막으로, 대전시민들의 자신감, 즉 시민들의 자부심과 결속력이 발전의 큰 에너지 원천인데, 이 부분이 많이 퇴색이 되어 가서

도시가 활력을 잃고 있다는 위기 요인을 제가 진단해서 이야기했습니다.

그렇다면 이제는 우리가 이 위기를 어떻게 극복을 해낼 것인가가 중요합니다. 그래서 새로운 재도약의 기회를 만들어서 위기를 기회로 만드는 그런 전략과 정책을 우리는 준비해야 한다고 봅니다. 위기의 요인을 거꾸로 우리가 되짚어 보면, 전략과 기회가 나오겠죠.

대전은 뭐니 뭐니 해도 중요한 것은 도시의 정체성을 다시 한 번 재확립하는 일입니다. 그렇기 때문에 첫 번째는 교통도시로서 대전을 위해 여러 가지 것들을 점검을 하고 새출발을 해야 합니다. 다행히 얼마 전에 대전·충청권 광역 철도망이 예비타당성을 통과를 했습니다. 우리의 숙원사업이었는데 그것이 하나 해결된 것은 아주 큰 기쁜 소식이었습니다.

궁극적으로는 우리 인근에 50여 km 떨어져 있는 국제적인 관문으로서의 청주공항에서부터 논산까지 약 100여 km에 이르는 기존 철도망을 도시철도로 활용하는 그런 계획인데요. 지금은 신탄진에서 계룡까지의 일부 구간에 대한 예비타당성이 통과되서 이것이 실현가능해졌다는 소식이 지역주민들을 상당히 설레게 했습니다.

따라서 이런 것을 기점으로 해서 다시 한 번 대전의 교통망을 재구축을 해야 합니다. 그런데 거기에는 대전이라고 하는 도시는 대전의 행정구역 만을 생각해서는 안 됩니다. 대전의 인근 지역까지 포함하고 더 크게는 세종과 충남·북까지 이렇게 넓게 보는 광역적인 시각에서 교통망을 구축을 해야 할 것입니다. 그래서 지금 대전시가 도시철도 1호선만을 가지고 있거든요. 그래서 앞으로 충청권 광역철도망이 만들어지면 X축이 구성이 되는데, 순환적인 2호선 문제가 논란 끝에 트램

(tram)방식으로 결정해서 준비 중이어서 아직 가시화되지 않고 있습니다.

그동안 논란도 많았고 또 이 건설방식이 고가방식에서 트램방식으로 번복이 되는 바람에 상당히 지연이 되고 있습니다. 그리고 지금도 여전히 시민적 공감대를 만들어내는 데 문제가 있습니다. 그리고 더 큰 문제는 무엇인가 하면 대전 도시구역이라는 행정구역 속에서만 우리가 묶여 있어서는 안 된다는 것입니다. 다시 말해서, 지하철이라든지, 철도라든지 이런 것들이 전부 대전을 중심으로 사통팔달하게 만들어야 합니다. 대전이 그동안 그렇게 해왔듯이 인근 지역으로 더 멀리 뻗어나갈 수 있도록 하는 교통망이 구축이 되어야 합니다.

대전의 교통망이 공주로 해서 서해안으로, 또는 무주로 해서 호남으로, 또 옥천과 영동으로 해서 경북으로, 계룡에서 논산으로 해서 역시 마찬가지로 서해안 쪽으로, 이렇게 대전을 중심으로 해서 멀리 광역적으로 이루어지는 교통망을 만들어야 합니다. 그렇게 해서 다시 한 번 대전의 새로운 교통도시로서의 비전을 정립할 필요가 있습니다. 통일까지도 염두에 두고 해야 합니다. 지금은 유라시아(Eurasia) 철도까지 우리가 구상하고 있는 상황이거든요. 그래서 대전에서 북한으로 해서 시베리아를 거쳐 유럽까지 가는 유라시아 철도 시대가 다가온다면 대전이 또 한 번의 호기를 맞게 됨으로써 미리 철저한 교통 중심도시로서의 준비를 해야 합니다. 이런 것이 제가 주장하는 바입니다.

두 번째는 과학도시 대전으로서도 마찬가지입니다. 대덕연구단지라는 것은 국가성장의 엔진입니다. 따라서 과학도시가 지금은 조금 퇴색되고 있지만, 지난 시간에 이야기한 대로 과학시설의 선택과 집중이 아니라, 분산배치되고 있는 지금의 문제를 해결해야 합니다. 그래서 대덕연구단지를 다시 한 번 정립을 해서 이번에는 중앙정부 주도가 아닌 지방정부와 기업, 연구소와 지역대학이 주도하는 그런 새로운 거버넌스(governance)체제로 만들어가야만, 대덕연구단지에서 생산된 기술들이 상품화되고 생산화될 수 있습니다. 연구단지의 비전과 목표는 물론 전략과 정책이 지방자치 시대에 맞게 대전환될 필요성이 커지고 있습니다.

또 한편으로는 대덕연구단지의 성과물들과 대덕연구단지에서 진행되는 여러 사업이나 일자리가 대전과 반드시 연결이 되어야 합니다. 과학도시가 되려면 대덕연구단지에서 창출되는 일자리를 포함해서 대덕연구단지의 여러 가지 사업성과물이 지역경제에 긴밀히 연계되어서 상호 상생발전이 되어야 합니다.

그리고 더 중요한 것은 지역의 인재가 대덕연구단지에 들어가서 상당 부분 주체적인 역할을 하도록 해야 합니다. 보통 우리가 오스틴(Austin)이라든지 노스캐롤라이나(North Carolina) 같이 세계적으로 유명한 과학도시를 들여다보면, 거기에는 지역대학들이 모두 세계적인 대학이 되었습니다. 또 지역의 인재가 육성이 되어서 그 과학단지에 들어가도록 과학단지에서 만들어지는 일자리가 상당 부분 지역에 오픈이 되는 그러한 공통점이 있습니다.

그런 점에서 대전도 진정한 과학도시가 되려면 대덕연구단지와 대전시의 발전이 긴밀하게 연계되어야 합니다. 그 다음에 또 하나 중요한 것은 과학도시와 교통도시라는 도시 브랜드를 우리가 조금 잃어가고 있다면, 또 한편으로 그것을 다시 한 번 브랜드를 확인하고 국내·

외적으로 널리 알릴 수 있는 계기를 만들어야 합니다.

대전은 지난 1993년에 대전엑스포를 성공적으로 개최해서 대전이 과학도시이며 교통도시라고 하는 브랜드를 확고히 했습니다. 그리고 그 '대전엑스포 93'을 통해서 도시 인프라를 많이 구축을 하면서 대전발전을 약 10년 이상 앞당겼다고 평가합니다. 그 다음에 더 중요한 것은 엑스포를 준비하는 과정에서 시민들이 자부심을 가지고 결집을 했습니다. 그래서 그 대회를 성공적으로 치름으로써 상당한 긍지와 자부심을 갖게 된 것이죠. 그것은 지역발전에서 대단히 중요한 요소입니다.

그래서 저는 이러한 계기와 이러한 새로운 모티브를 다시 한 번 우리가 만들 필요가 있다고 봅니다. 그래서 저는 대전에 제안하고 싶은 것이 엑스포를 다시 한 번 개최하자는 것입니다. 그래서 제가 엑스포의 개최지와 앞으로 계획들을 자세히 살펴보니까 대전엑스포 이래로 많은 공인 엑스포들이 개최된 바 있습니다. 대전엑스포는 공인 엑스포입니다.

그래서 엑스포들이 많이 세계 각지에서 개최되고 있고, 현재는 2020년까지 개최지가 결정이 되어 있습니다. 두바이에서 하게 되어 있는데, 저는 2023년, 다시 말해서 '대전엑스포 93'을 개최한 30년 만에 대전에 다시 한 번 '2023 대전엑스포'를 유치할 것을 강력히 권유합니다. 그래서 지금 준비단계에 있는 과학비즈니스벨트를 성공적으로 만들어서 그 성과물을 세계에 알리고 또 과학도시 대전을 다시 한 번 빛내기 바랍니다. 나아가 대전 시민들의 자부심과 능력을 다시 한 번 결집시키고 미래를 향한 꿈과 희망을 갖게 하는 동시에 도시 발전을 앞당기기 위해서는 '2023 대전엑스포'를 30년 만에 다시 개최하는 것도 대단히 중요한 이벤트이자, 계기가 될 것으로 봅니다.

그런 계기를 통해서 도시 비전을 확고히함과 동시에 도시 발전을 위한 전략과 정책을 개발해야 합니다. 2023년이면 약 10년 정도의 기간 동안에 그런 것들을 다듬을 뿐만 아니라, 발전에 중요한 시민들을 다시 한 번 결집과 단합을 시키는 그런 계기를 만드는 점에서 대단히 의미 있는 일이 될 것이라고 생각합니다.

아무튼, 대전은 짧은 100년 동안에 아주 비약적으로 발전을 했지만, 최근에 와서 어떻게 보면 일종의 재도약을 위한 상당한 문제들이 생겨나고 있고 또 침체가 되고 있습니다.

그러나 이 계기를 다시 재도약과 재활성화의 계기로 만든다면 대전은 다시 한 번 거듭날 수 있습니다. 저는 그런 희망을 갖고 있고요. 마찬가지로, 처음에 이야기한 세종시를 비롯해서 인근의 청주, 천안, 아산과 같은 이러한 도시들과 함께 같이 상생발전을 이루는 것이 대전이 앞으로 가야 할 길이라고 생각합니다.

저는 다시 한 번 대전 발전을 기약하면서 대전의 새로운 미래를 우리가 재창조를 해서 대전이 지역발전은 물론이고, 국가발전에 상당한 기여를 하는 그러한 도시로서 다시 한 번 태어나기를 기대합니다. 또한 반드시 그렇게 되어야 한다고 생각을 합니다.

'자치펀치' 이번 시간을 마치겠습니다.

감사합니다.

제3편

지방자치와 지방행정 · 교육

제19강 행복이란 무엇인가

2015년 끝자락에 서 있는 오늘 이 시간에 우리는 행복이라는 이야기를 하고 싶습니다. 왜냐하면, 연말연시인 요즘에 벌써 크리스마스 캐럴이 들려오는 것 같고 자선냄비도 거리 곳곳에 등장했습니다.

그래서 1년을 뒤돌아보면서 우리가 과연 행복한 삶을 살았느냐, 우리 대한민국이 그동안 국민의 행복을 위해서 얼마만큼 노력을 하고 성과가 있었는가, 그리고 우리 개개인들은 그런 점에서 지난 1년을 뒤돌아보면서 어떤 느낌을 갖는가 하는 점들에 대에서 여러분들과 이야기를 나누고 싶습니다.

우리 대한민국은 최근의 경제적인 통계를 보니까 약간 후퇴를 하는 느낌이 들어요. 말하자면, 무역규모도 그동안 1조 달러 이상을 3년 연속 달성을 하다가 올해는 달성이 안 된다고 합니다. 경제성장도 한

2.6%에 그쳤다고 하고요. 그런 점에서 1인당 국민소득도 우리가 3만 달러를 기대했는데 2만 8천 달러에서 약간 뒤로 후퇴해서 2만 7천여 달러를 기록했다는 좋지 않은 소식도 들려옵니다.

어쨌거나 우리 대한민국이 여전히 압축 성장을 해서 세계 10위권의 경제규모나 경제적인 역량을 가진 것은 지금도 틀림없습니다. 그렇다면 그런 경제성장 속에 우리가 과연 행복한가? GDP(Gross Domestic Product)는 기적적으로 많이 높아졌지만, 이른바 GNH(Gross National Happiness), 국민행복지수도 과연 세계 10위권인가 할 때는 우리가 아주 상반된 통계를 접하게 됩니다. 경제를 우리가 이야기할 때는 그래도 상위권인 10위권 또는 20위권 사이를 오르락내리락하면서 상위권에 있지만, 행복지수를 논의할 때는 우리나라가 하위권에 맴돌고 있습니다.

행복을 측정하는 여러 지수들이 있고 조사하는 기관마다 다 순위가 다르고 책정방법이 다르지만, 우리는 어떻게 책정하든지, 어떤 대상 국가를 두고 순위를 매기든지 간에 하위권입니다. 예컨대, 최근에 나온 OECD 국가 중에서 순위를 매기면 34위 중에 32위입니다. 덴마크나 핀란드나 네덜란드 이런 나라들이 행복하게 나타나고 있어서 경제수준도 높지만 행복지수도 높습니다. 그런데 우리는 경제수준은 높지만 행복지수는 상당히 떨어지고 있고요. 전 세계를 대상으로 하더라도 항상 200개 이상의 국가를 대상으로 하면 늘 꼴찌를 맴돕니다. 200위권에 있어요.

그리고 오히려 경제 순위가 200위권에 있는 나라들이 행복지수는 상위권에 있는 등 우리나라와 아주 상반된 통계수치를 우리가 접하게 됩니다. 예컨대, 부탄이라든지, 네팔이라든지 이런 나라들은 경제적으로 아주 뒤져 있는 나라인데 행복지수는 높게 나오고 있습니다. 또 남태평양 저 밑에 있는 조그마한 바누아투(Vanuatu)라는 섬, 그 나라도 아주 작고 경제는 후진적이지만, 행복지수는 높은 것을 지켜보면서 상당히 혼란스럽게 느껴집니다. 재미있는 공식 1가지를 살펴보면 다음과 같습니다.

사무엘슨(Paul A. Samuelson)이라는 경제학자, 그는 노벨상을 탄 학자죠. 이 사람이 행복을 이렇게 공식으로 만들었습니다. "행복은 소비 나누기 욕망이다." 우리는 인간이라면 다 욕망이 있잖아요. 그래서 욕망이 올라가면 올라갈수록 소비를 늘리면 됩니다. 즉, 욕망을 충족시켜주는 소비재, 소비상품이라든지 소비서비스라든지 이런 것을 올려줘서 욕망을 충족시켜주면 행복감은 올라간다는 것입니다. 이것은 아주 단순한 공식이죠(행복=소비/욕망). 그런데 이것이 바로 서구인들이 생각하고 있는 행복관입니다.

우리 동양은 역사적으로는 좀 달랐어요. 우리 동양 선조들의 생각이나 철학을 보면, 항상 소비는 크게 늘릴 것 없이 일정하게 의·식·주에 필요한 소비만 유지를 해도 오히려 욕망을 줄이면 행복은 올라가는 것이죠, 그렇죠? 소비는 아주 현상유지만 하더라도 욕망을 줄여서 금욕생활을 하면 오히려 행복은 올라간다는 것이 우리 동양의 행복관입니다.

그런데 우리가 경제성장과 산업화를 하면서 우리의 전통적인 행복관은 다 버리고, 서구식 자본주의에 입각한 행복관을 우리가 채택을 한 것이죠. 그런데 문제는 소비를 늘리는 것은 우리가 산업화하고 경제가 성장이 되면 할 수 있는데 비해서 문제는 욕망입니다. 욕망을 어떻게 관리하느냐 하는 문제에는 소홀히 했습니다.

욕망 속에는 상당히 건전한 욕망도 있죠, 그렇죠? 그런데 본능적으로 우리 인간이 갖고 있는 아주 쾌락적인 욕망 또는 어떻게 보면 상당히 타락적인 욕망도 있습니다. 그런데 그런 것을 고려치 않고 욕망은 무조건 늘어나는 것이기 때문에, 무조건 허용하는 것으로 생각을 해서 그것을 채우기만 하면 그것이 행복이라고 생각한다면 큰 오산입니다. 다시 말해서, 행복(happiness)과 만족(satisfaction) 또는 쾌락은 다른 것입니다. 이 두 공식에서 욕망이라고 하는 우리 인간의 본능적이면서 향락적이고 퇴폐적인 욕망도 충족이 되면 그것은 행복이 아니라 만족과 쾌락입니다. 그런데 우리는 그것을 행복이라고 착각할 수 있다는 것이죠.

반면에, 이 건전한 욕망, 즉 우리 인간이 갖는 민주주의에 대한 열망이라든지 또는 어떤 사랑과 열정 이런 것도 우리의 욕망인데, 그런 것이 충족이 되면 그것은 행복으로 이어질 수 있습니다. 그러나 이 욕망이 본능적인 욕망에 그친다면 그것은 일시적인 만족과 쾌락에 그친다는 것입니다. 그런 점에서 우리는 욕망이라는 내용에 대해 진지한 고민을 해봐야 합니다.

그런 점에서 제가 인도의 지도자, 종교인이면서 인도뿐만 아니라 전 세계적으로 존경하는 인물이 간디죠. 마하트마 간디(Mahatma Gandhi)가 일찍이 우리 인간이 저지르기 쉬운 7가지 죄악(Seven deadly sins)을 정리한 바 있습니다. 저는 이것을 보면 우리가 욕망이라는 것에 대해서 다시 한 번 생각해 볼 수 있는 좋은 계기가 된다고 봅니다.

간디가 보는 우리 인간이 저지르기 쉬운 7가지를 살펴보면 다음과 같습니다.

첫 번째는 노동 없이 부(Wealth without work)를 축적하는 것은 죄악이라는 것입니다. 그리고 그러한 것이 허용되는 국가나 정부가 있다면 그것은 죄악을 저지르는 것이죠. 개인적으로도 죄악이지만, 그것이 허용되고 방관되는 사회나 그것을 만들어내는 정부가 있다면 그것도 죄를 저지르는 것이라고 합니다. 우리는 불로소득, 즉 일하지 않고 돈을 벌려고 하거나 부를 축적하려고 하는 욕망을 가지고 있잖아요. 그것은 죄악이라는 것이죠.

두 번째는 앞에서 이야기한 대로 양심이나 교양 없이 또는 도덕 없이 쾌락(Pleasure without conscience)을 추구하는 것도 죄악이라고 합니다. 욕망이라는 것은 무조건 충족된다고 행복이 아니라, 그것이 정당한 것이 아닌, 즉 양심이나 도덕에 기초하지 않은 쾌락이나 만족을 추구하는 것은 죄악이라고 간디는 보고 있습니다.

세 번째는 인성 없는 지식(Knowledge without character)이라고 합니다. 우리는 지식과 정보를 추구하는데 거기에는 인간의 본성과 관련된 그런 지식적인 것을 추구하느냐, 아니면 그냥 무분별하게 지식활동을 하느냐가 중요합니다. 따라서 지식이라는 것도 가려서 추구되어야 하지, 그야말로 인성을 무시하거나 인간의 본성을 무시해서 인간을 경시하는 그런 지식에 대한 추구는 죄악이라는 것입니다.

네 번째는 자본주의에 대한 경고라고 볼 수 있는데요. 자본주의가 이렇게 상업을 하고 비즈니스를 하는데, 우리 자본주의에서는 이것이 무한경쟁이라고 봐서 윤리와 도덕을 소홀히 하는 측면(Commerce without morality)이 있습니다.

그런데 사실은 이런 무역이나 도덕이나 자본주의는 더 엄격한 도덕과 윤리를 요구를 합니다. 그렇지 않으면 자본주의는 대단히 타락된 쪽으로 가기 때문에 죄를 저지르게 된다는 것입니다. 인간성을 말살시키고 불평등을 만들어내는 그런 문제가 되기 때문에, 자본주의일수록 윤리와 도덕에 기초해야 한다는 이야기입니다.

다섯 번째는 희생 없는 종교(Religion without sacrifice)입니다. 지금 우리나라 종교는 굉장히 많이 신장을 하고 있습니다. 종교신장률 세계 1위입니다. 또 지금 세계 10대 대형교회 중에 한국이 3개나 있고, 전국에 교회가 7만 8천 개가 있다고 해요. 그 정도로 상당히 많은 종교인들이 대한민국에 있지만, 종교의 내부를 들여다보면 지금 종교가 상당히 세속화와 정치화되고 있고, 또 자본주의화되는 그런 문제들이 심각하다고 합니다. 그것도 바로 종교인 간디가 보는 관점에서는 죄악입니다.

여섯 번째는 인간성이 결여된 과학과 기술(Science without humanity)입니다. 우리는 과학기술 시대에 살고 있는데(Knowledge without character) 휴머니즘, 즉 인간존중 정신에 기초하지 않으면 과학과 기술이 아무리 발전해도 이것은 죄악이 된다는 이야기입니다. 그래서 우리가 얼마 전에 황우석 박사가 개발한 과학기술이 심각한 문제로 제기된 바 있지 않습니까? 배아줄기세포를 개발하는 데 있어서 인간성을 침해하고 인간의 본성을 억압하는 그런 것을 전제로 한 과학기술발전은 죄악일 수 있다는 이슈였습니다. 우리 사회 전체가 상당한 혼란과 갈등에 빠진 바 있었습니다.

마지막으로, 일곱 번째는 지금 우리 사회가 정치가 상당히 혼돈스럽고 첨예한 대립과 갈등을 지금 빚고 있잖아요. 그런데 원칙 없는 정치(Politics without principle)라는 것도 죄악이라는 것입니다. 정치는 반드시 원칙이 있어야 합니다. 즉, 정해진 약속과 원칙과 또 순리가 있어야 하는데, 지금 우리나라의 정치는 그런 원칙 없는 정치를 하기 때문에 상당히 많은 죄악을 저지르고 있다고 볼 수 있습니다.

저는 이 7가지 죄악, 간디가 제시한 인간이 저지르기 쉬운 죄악들, 또는 인간이 저지르기 쉽게 만들 수 있는 사회와 국가 또는 정부의 문제점들을 들여다보면, 욕망이라는 것이 중심에 깊숙하게 자리 잡고 있음을 알 수 있습니다.

보통 우리의 욕망 가운데 3S라는 것이 있죠. 섹스(sexuality), 스포츠(sports), 스크린(screen)으로 구성된 이 3S라는 아주 대표적인 본능적인 욕망이 있습니다. 그래서 이 3S의 욕망을 통해서 소비를 충족시켜주는 그런 국가들은 대부분이 독재국가였습니다. 그리고 그런 나라에서에서 선호하는 정책과 리더십이 3S를 토대로 하고 있죠.

그래서 다시 한 번 이 간디의 7가지 죄악을 들여다보면, 이것이 우리나라를 두고 한 이야기는 아니겠지만, 우리나라도 그동안 경제 압축성장 과정에서 이 죄를 저질러가면서 살아왔다고 봅니다. 인간의 욕망을 잘 다스리지 못한 가운데, 오직 소비만 늘리는 경제을 통해서 나타난 경제성장의 과실을 행복이라고 착각하고 살고 있기 때문에, 진정한 행복을 느끼지 못하고 행복한 국가가 되지 못한 큰 문제가 있다고 평가합니다. 그것이 일시적인 쾌락과 만족일 수는 있지만 진정한 행복감을 느끼지 못하기 때문에, 우리가 경제는 성장했지만 행복도는 떨어지고 있고 행복감을 느끼지 못하는 그런 국민들이 대다수라고 저는 판단이 됩니다. 그것이 우리 사회에 높은 자살률과도 관계가 있다고 봅니다.

따라서 경제를 성장시키는 것도 중요하지만, 우리가 내면적인 욕망을 잘 관리하면서 건전한 욕망이 충족될 수 있는 그런 사회를 만드는 것이 중요합니다. 또한 그렇게 할 수 있도록 하는 정부의 역할이 대단히 중요하다는 이야기를 오늘 연말에 하고 싶습니다.

어떻게 생각하십니까? 다시 한 번 연말연시를 차분하게 보냅시다. 건전한 욕망은 이웃을 사랑하고 이웃에 봉사하고 어려운 사람들에게 베풀고 나누는 것인데, 그것이 진정한 행복이 아니겠습니까?

'자치펀치' 여기서 마치겠습니다.

감사합니다.

제20강 갑의 횡포와 을의 반란

병신년인 2016년 새해가 밝아왔습니다. 시청자들께서도 새해 복 많이 받으시고 금년 한 해 좋은 일 많이 생기시길 바랍니다. 병신년은 대단히 대변혁과 혼란의 시기였다고 역사적으로 기록을 하고 있습니다.

예를 들어서, 936년 병신년에는 후삼국이 통일이 되었습니다. 그래서 우리도 지금 통일을 향한 발걸음을 힘차게 내딛어야 할 것 아닌가 하는 생각도 가져봅니다. 또한 1896년 병신년에는 을미사변이 끝나고 우리 왕실이 러시아공사로 피신하는 이른바 아관파천(俄館播遷)이라는 사건도 일어나면서 실질적으로 일제강점기로 들어가는 아주 암울한 시기였다고 합니다.

그러니까 때로는 국운이 상승하고 때로는 또 국운이 하락하는 그런 대변혁과 혼돈의 끝자락이 병신년이라고 역사는 평가하고 있습니다. 아무튼, 우리나라도 병신년에 아마 통일이라는 우리의 새로운 희망도 생기겠지만, 오늘 북한에서 수소폭탄을 지하실험을 했다는 그런 보도를 접하면서 통일이 그렇게 가까이 있는 것은 아니라는 생각이 동시에 듭니다. 어쨌거나 우리는 병신년 새해를 새로운 꿈과 희망을 만들어내는 그런 도전의 해로 우리 국민들이 힘을 합해서 만들어내야겠습니다.

이번 시간에는 올 병신년 한 해 동안에 우리나라에서 일어날 수 있는 여러 가지 좋은 징조나 나쁜 기운들을 전망하면서, 우리 사회나 우리 국민들이 어떻게 이것을 헤쳐나가야 하는가에 대해서 이야기를 나누고자 합니다.

잘 알고 있겠지만, 2015년 연말에 또 식품회사, 몽고간장이죠. 그 회사 명예회장이라는 분이 자신이 데리고 다니는 운전사를 폭행하는 이른바 갑질 만행이 또 일어났습니다. 110년이 된 아주 탄탄한 회사인데 그 회사에서 그런 일이 일어남으로써 우리 국민들이 다시 공분을 일으킨 바 있습니다.

그런데 이런 사건은 이번에 처음 일어난 것이 아니라, 지난 2~3년 전부터 줄곧 일어나는 이른바 갑의 횡포에 대한 을의 반란이라고 할까요? 이런 일들이 저는 일시적인 현상이 아니라고 봅니다. '갑을관계'의 새로운 변화가 이번 병신년뿐만 아니라 앞으로 우리 사회에 굉장히 중요한 변화를 가져올 것이라고 생각을 합니다.

이 사건 이전에도 기억하시겠지만, 땅콩회항, 즉 대한항공 사건이 있었고요, 또 우유회사가 갑질을 해서 대리점에 여러 가지 불이익을 주고 만행을 저지르는 사건도 있었습니다. 뿐만 아니라 어떤 회사의 상무는 비행기에 탑승해서 라면을 가지고 승무원들과 여러 가지 불미스러운 일을 일으킨 바가 있고, 또 어떤 제과회사 회장은 주차장에서 주차요원에 대한 폭행을 서슴지 않은 사건들도 있었습니다.

이런 사건들이 모두 갑질 만행입니다. 이런 일련의 사건들이 언론을 통해서 드러나게 된 것이고, 또 그 언론을 접한 국민들이 상당히 분노를 했습니다. 그리고 물론 그 전에도 이런 사건이 있었겠지만, 그 전에는 이런 사건들이 하나의 해프닝으로 끝나는 경우가 많았죠. 그래서 시간이 지나면 없었던 일이 되고, 갑의 횡포에 대해서 을들은 별반 문제 삼지 않거나 약간의 비판과 이의를 제기하다 그치고, 다시 종전의 '갑을관계'로 돌아가는 그런 것이 되풀이되었다고 볼 수 있습니다. 때로는 그것이 언론에 보도도 안 되었을 테고요.

그러나 이제는 달라졌습니다. 이제는 그러한 사건들이 앞으로 더 일어날 것입니다. 그리고 종전에는 감춰졌던 사건들이 더 드러날 것이고, 그 드러난 사건들이 단순히 해프닝으로 끝나는 것이 아니라 상당한 비판은 물론 저항과 반발로 이어질 것으로 전망합니다. 그렇게 되면 '갑을관계'가 새로 정립될 수밖에 없는 상황이 될 것이라고 봅니다.

그래서 잘 알고 있는 바와 같이, 지난번에 일어났던 사건들이 그냥 묻혀진 것이 아니라 결국은 그러한 만행 또는 그러한 폭행을 일으켰던 당사자들이 퇴출이 되거나 그 당사자들의 회사가 아주 곤혹을 치르거나 막대한 회사 손실을 가져올 것이 분명합니다. 지금 간장공장도 검찰의 조사를 받게 될 테고, 많은 국민들이 애용하던 간장의 불매운동으로 이어짐으로써 이 회사의 존폐위기에 놓이는 그런 상황이 만들어져 가고 있습니다.

이것은 전에 없던 아주 큰 혁명적인 변화라고 저는 생각을 합니다. 그래서 이 사건들, '갑을관계'에서 비롯된 정상적이지 못한 상황들에는 3가지의 큰 의미가 담겨져 있다고 봅니다. 그래서 이 3가지의 의미와 코드를 잘 읽지 못하면 금년에도 이 문제를 해결하지 못하고 여러 가지 어려운 상황으로 갈 뿐만 아니라, 그 문제를 일으킨 당사자나 회사는 아마도 생존하기가 어려울 것입니다. 이 사건들이 가져온 3가지 의미를 살펴보면 다음과 같습니다.

첫 번째 의미는 종전의 기업들은 오직 이윤추구만이 회사 최고의 가치이고 목표였습니다. 그것은 이른바 생산관리 또는 마케팅시대 속에서 기업이 발전했다고 볼 수 있거든요.

그러나 이러한 시대가 이제 변하고 있음을 의미합니다. 종전에는 많은 생산품을 만들어내서 생산을 확대하는 한편, 마케팅을 잘해서 이윤을 극대화하는 것이 기업의 최고 가치였습니다. 하지만, 지금은 그것만이 아니라 이른바 '윤리경영시대'로 가고 있습니다. 이제는 기업이 이윤추구만이 아니라 얼마만큼 윤리적으로, 법적으로, 도덕적으로 책임을 다하고 있는가를 따지는 이른바 윤리경영시대에 적응을 하지 못하면 기업가와 기업주는 이제 설 땅이 없어집니다.

미국에서도 우리보다 앞서서 이미 1980년대부터 이러한 생산관리시대 또는 마케팅시대에서 윤리경영시대로 넘어갔습니다. 그렇기 때문에 미국의 지난 1980년대 이전의 아주 초우량기업들인 46개의 기업들이 이윤을 극대화시키고 해서 잘 나가던 기업들이 1980년대에 와서는 40개 이상 다 도산을 했습니다. 아무도 도산할 것을 예상을 못했죠. 그러나 그 도산의 이유는 바로 이와 같이 윤리경영시대에 적응하지 못한 결과입니다.

따라서 윤리경영시대에 적응하지 못하는 기업들은 소비자들의 반발과 저항을 가져오고, 그것은 결국 이윤도 내지 못하는 회사로 전락하게 됨으로써 사회적으로 매장이 됩니다. 시장에서 소멸이 된다는 것은 굉장히 중요한 의미를 갖습니다.

그렇기 때문에 미국의 기업가들은 부를 사회에 환원하는 데 상당한 노력을 하지 않습니까? 어떻게 보면 우리가 상상하지 못할 정도로 축적한 부를 사회에 환원합니다. 우리같이 2세, 3세에 재산을 넘겨주는 것이 아닙니다. 그들은 2세, 3세에 넘겨주는 재산은 전체 재산의 1%도 안 되는 재산을 넘겨주면서, 총 재산의 30% 내지 40% 이상을 전부 사회에 환원합니다. 그것도 서로 경쟁적으로 하고 있거든요. 그 이유는 뭡니까? 그 이유는 물론 존경을 받는다는 의미도 있지만 이것이 바로 그 기업이 살아남기 위해서, 그리고 기업가가 존경받기 위해서는 이러한 행동이 불가피하다는 측면에서 그런 노력을 하고 있다고 볼 수 있습니다.

얼마 전에 페이스북의 창시자인 마크 저커버그(Mark Zuckerberg)도 자기 아이가 출생하면서 99%의 재산을 환원하겠다고 공언했습니다. 약 53조 원 이상의 돈을 사회에 환원하겠다고 약속을 한 것입니다. 빌 게이츠(Bill Gates)뿐만 아니라 워렌 버핏(Warren Buffett)도 마찬가지로 이렇게 하는 이유는 바로 이런 기업가들의 이런 사회적인 환원과 그러한 노력들이 전부 기업이 윤리경영시대에 살아남기 위한 일환이기 때문으로 해석을 합니다.

두 번째 의미는 종전에 갑의 횡포나 만행에 대해서 그저 순응하고 거기에 이의를 제기하지 못했던 을들이 저항한다는 것입니다. 고용주와 피고용자, 대기업과 소기업, 기업가와 소비자 또는 대리점 이런 관계 속에서 을들은 종전에는 순응적이고 주종관계에 놓여 있었지만, 지금부터는 이제 을들이 불공정한 거래이거나 또는 비윤리적이고 비도덕적인 처사에 대해서는 반란을 일으키고 있다는 의미입니다.

그런데 그 저항을 가능하도록 만든 것이 인터넷입니다. 인터넷을 통해서 그러한 의사표시를 분명히 할 수 있습니다. 그리고 그런 것들이 사이버공간에서 모이면 폭발적인 힘을 갖습니다. 모두의 의사가 사이버공간에 결집할 뿐만 아니라 그 결집된 의사가 불매운동으로 나타나는 것이죠. 기업의 생산품에 대한 불매운동을 하게 되면 곧 기업의 존폐를 결정하게 됩니다. 그러니까 종전에 말한 이 달라진 을들의 생각과 행동을 이제는 기업이 이것을 간과해서는 안 된다는 그런 의미가 담겨져 있습니다.

세 번째 의미는 이것은 기업만의 문제가 아니라는 것입니다. 정부도 이러한 문제에 예외가 아니다는 사실이죠. 정부는 슈퍼 갑입니다. 정부와 기업, 정부와 국민, 정부와 소비자의 관계에서 정부는 압도적인 갑이거든요.

그렇기 때문에 정부가 여전히 '갑을관계'에서 횡포를 부리거나 또는 만행을 부려서 달라진 환경에 적응하지 못하면 역시 마찬가지로 정부에 대해 을들이 상당한 저항과 반발을 일으킬 것입니다. 역시 마찬가지로 이들도 인터넷을 활용할 것이고 동시에 이들은 기업에 대해서는 불매운동을 하지만, 정부에 대해서는 강력한 무기가 있습니다. 그것은 바로 조세저항운동입니다. 이미 선진국은 1970년대에 이 운동이 일어났기 때문에 이 운동을 통해서 정부가 파산을 한 지방정부도 생기게 된 것입니다. 그러니까 정부에 세금를 내지 않겠다는 조세저항 운동은 정부의 존폐를 좌우하게 되는 것입니다.

따라서 정부도 이제는 종전의 주종관계 또는 아주 일방적인 상하 관계 속에서의 '갑을관계'를 청산하고, 이제 정부가 대상으로 하는 고객이나 소비자나 시민이나 국민들에 대해서 존중하고 윤리적, 도덕적, 법적, 그리고 공정한 책임을 다해야만 정부도 존중을 받게 되고 살아남게 됩니다.

삼성이나 기업들이 우리 경제를 이끌고 많은 기여를 했지만, 존경 받지 못하는 이유는 우리 국민들이 여전히 그런 재벌기업들이 법적, 도덕적, 윤리적 책임을 다하지 않고 있다고 보기 때문입니다.

정부에 대해서 신뢰를 하지 않는 이유도 거기에 있습니다. 따라서 우리 병신년 새해에는 '갑을관계'의 새로운 획기적인 변화가 필요하고, 이제는 갑을 간에 주종관계에서 수평적 공정한 법적 계약관계로의 전환이 대단히 중요한 시점이라고 생각합니다.

그래서 오늘 이 시간에는, 새해 들어 첫 번째 이 시간에는 '갑을관계'를 우리가 주목하자는 것입니다. 그리고 '갑을관계'의 새로운 변화를 만들어내야만 기업과 정부가 바로 서게 된다는 이야기하고 싶습니다.

함께해 주셔서 감사합니다.

제 21 강 국가와 지역은 새 리더십이 필요하다

오늘 이 시간에는 2016년 금년에 또 중요한 정치적 행사가 바로 4·13 국회의원 총선거입니다. 대단히 중요한 것이지요.

지난 19대 국회가 국민의 기대에 크게 못 미쳤습니다. 아직 100일도 채 남지 않은 선거를 앞두고 지금까지도 선거구를 획정하는 문제까지조차도 결정을 못하고 있습니다. 그렇기 때문에 어떤 경기를 해야 되는지, 그리고 경기에 어떤 룰을 적용해야 되는지도 결정을 못하고 있는 그러한 상황이 지금 19대 국회에서 벌어지고 있습니다.

국민들은 지금 분노하고 있습니다. 정치에 대해서 불신하고 혐오감을 크게 가지고 있습니다. 또 그러다 보니까 새로운 신당도 태동한다고 움직이고 있고요. 정치판이 상당히 요동을 치고 있는 이런 상황에서 우리는 또 새로운 정치 지도자들을 선출해내야 합니다.

국민들은 지금 그런 선택을 할 기분이 전혀 아니지요. 또 정치에 대해서 아주 환멸을 느끼고 있지만, 우리가 뽑아내야 할 정치적 지도자는 우리들의 미래를 좌우하고 우리들의 삶을 좌우하기 때문에 우리가 올바른 선택을 하지 않을 수 없습니다. 그래서 오늘은 어떤 리더십을 갖는 지도자를 우리가 선택을 해야 하는가, 또는 국가와 지역은 어떤 리더십을 필요로 하고 있는가? 이러한 것에 대해서 몇 가지 기준을 정해볼까 합니다.

오늘도 북한에서 지하 핵실험을 또 했다고 합니다. 수소탄인지, 원자폭탄인지는 모르겠지만, 핵실험을 했다고 합니다. 이것은 곧 여전히 안보적인 위기가 우리에게는 상존하고 있다는 것이지요. 통일도 가까이 있는 것 같지만, 그 이전에 안보적인 위태로운 상황은 지속되고 있는 가운데 지금 우리의 정치적 분열과 혼란이 얼마나 극심합니까?

신당이 만들어지는 것은 좋은데 늘 선거에 임박하면 분당을 하고 새로운 정당을 만들고 또 그렇게 해서 선거만을 위한 그런 정당을 창당을 합니다. 그리고 선거가 끝난 후에는 다시 합당을 하는 이런 식의 정치적 행태와 정당의 사이클을 되풀이하고 있습니다. 정치와 정당의 그러한 행태가 되풀이되고 있는 상황에서 우리는 어려운 선택을 해야 합니다.

그런가 하면, 경제적으로는 지금 상당히 어려운 상황에 놓여 있습니다. 세계경제가 어려울 뿐만 아니라 우리 경제가 지금 침체되어 있어서 국민들은 이 불경기에 정말 하루하루의 삶을 버거워하고 있는 실정입니다. 그런가 하면 지역은 지역마다 여러 가지 현안문제를 안고 있습니다. 이렇게 국가적으로나 지역적으로 굉장히 어려운 상황 속에서 우리는 중요한 정치적 행사인 선거를 치러야 하는 그러한 상황에 놓여 있습니다.

토머스 만(Thomas Mann)이라는 학자는 "정치를 경멸하는 국민은 경멸받는 정치밖에 소유할 수 없다."라고 했습니다. 우리가 이번 선거 과정에서 정치를 단순히 경멸만 하면 결국 경멸을 받아야만 할 정치를 우리가 또 봐야 합니다. 그리고 그 정치에 우리가 희생이 되어야 됩니다. 따라서 우리는 이번 선거를 통해서 정말 우리 국가와 지역을 위해서 우리 미래를 책임질 리더십을 갖춘 그런 리더를 그중에서 선출해 내야 합니다.

그래서 저는 역사적으로 우리가 배워야 할 몇 분의 리더들의 위대한 리더십에 대해서 정리를 했습니다. 여러 모범적인 리더들 중 우선, 우리가 익히 알고 있는 세종대왕의 리더십을 정리를 해보면 공통적인 특징이 있습니다.

그것은 결국 시대의 새로운 변화를 유도했다는 점과 인재를 발굴해서 그것을 개혁의 힘을 삼았다는 사실입니다. 그래서 한글도 창조하고 그러지 않았습니까? 이렇게 역사가 요구하는 리더십의 모습은 항상 시대정신을 읽고 미래변화에 대비하거나 미래변화를 촉구하는 그러한 리더들이 훌륭한 리더십을 발휘했다고 볼 수 있습니다.

익히 알고 있는 이순신 장군도 국가가 존폐의 위기에 놓여 있는 그런 상황 속에서도 불굴의 의지와 용기를 가지고, 그 위기를 극복해 낸 대단한 용기와 지혜를 가진 리더입니다. 이렇게 우리는 후세가 리더들의 리더십에 대해 평가를 하고 있지 않습니까? 불과 12척의 배를 가지고 300여 척의 왜군을 물리친 그러한 이면에는 이러한 훌륭한 리더십을 증명하고 있었다고 볼 수 있고요.

또 우리 어려운 시절에 백범 김구 선생도 우리나라가 앞으로 지향해야 할 새로운 국가비전을 제시를 했습니다. 그래서 잘 알고 있는 바와 같이, 우리가 가고자 하는 우리나라 국가의 미래는 "모든 국민이 행복하게 살 수 있는 한편 국민들이 서로 그 행복을 나눌 수 있는 문화가 풍성한 국가가 되었으면 좋겠다."라고 했습니다. 이런 비전을 제시한 점에서는 우리에게 큰 힘이 되었습니다.

또 안중근 의사도 마찬가지지요. 안중근 의사가 단순히 이토 히로부미(伊藤博文)를 저격한 테러리스트(terrorist)가 아니냐는 이야기도 하지만 그렇지 않습니다. 안중근 의사는 분명한 동북아의 미래비전을 가지고 있었고, 그러한 비전을 실천하기 위한 불가피한 수단으로서 그러한 정치적 거사를 했다는 점에서는 우리가 크게 높이 평가하고 있는 것입니다.

그리고 공자(孔子)도 우리에게 좋은 리더십에 대한 가르침을 준 바 있습니다. 공자가 항상 강조하는 것은 "군자(君子)는 항상 남에게 알려지기만을 원하고 유명해지기를 바라지 말고, 항상 자기의 실력을 닦고 항상 노력을 해라." 그것은 항상 공부를 하고 지식을 쌓으라는 의미입니다. 그리고 겸손해라는 교훈들은 지금까지도 유효한 리더십이라고 볼 수 있습니다.

그리고 물론 예수님의 리더십도 종교적으로는 높이 평가하고 있습니다. 서번트 리더십(servant leadership)이라고 하지요. 또한 2002년에 월드컵을 성공적으로 이끈 거스 히딩크(Guus Hiddink) 감독의 리더십도 훌륭합니다. 물론 축구 스포츠계 리더십이지만 새로운 리더십을 발휘를 해서 좋은 성과도 낸 바 있고, 우리 축구를 한 단계 업그레이드시킨 것도 굉장히 큰 의미가 있습니다.

여기서 우리가 하나만 더 제시를 한다면 훌륭한 리더십은 꿈과 희망을 제시하고 있다는 것입니다. 다시 말해서, 국가를 경영하는 리더는 국민을 향해서 비전을 제시를 해야 하고, 또 지역의 리더는 그 지역주민들에게 비전을 제시해서 공감대를 만들어내야 됩니다. 그래서 생텍쥐페리(A. de Saint-Exupéry)의 『어린 왕자』, 요즘에는 애니메이션 영화도 하지만, 『어린 왕자』의 내용을 보면 "당신이 배를 만들고 싶다면 사람들을 불러 모아서 목재를 가져오고 일을 지시하고 일감을 나눠주는 그런 것을 하지 말고, 그들에게 저 넓고 끝없는 바다에 대한 동경심을 키워줘라. 그것이 목적을 달성하는 길이다."라고 했습니다. 그것이 바로 비전을 제시하는 것입니다. 그래서 그런 점도 우리가 참고를 해야 합니다.

그 다음에 빌 게이츠(Bill Gates)의 리더십을 또 한 번 보면 이것은 "더 좋은 것보다 맨 처음 하는 것이 더 낫다."라고 했습니다. 이것은 무슨 이야기냐 하면 최고가 되기보다는 최초가 되어야 한다. 즉, 창조적이어야 된다는 이야기입니다. 그래서 우리가 대서양을 횡단한 사람은 찰스 린드버그(Charles Lindbergh)로 역사책에 기록되어 있지만, 두 번째 대서양을 횡단한 사람은 굉장히 획기적으로 더 짧게 더 적은 연료를 가지고 했지만 역사에는 기록되지 않습니다. 따라서 항상 남보다 앞서서 처음 하는 것이 더 중요하다는 그러한 리더십을 말하고 있습니다.

끝으로, 제가 하나 소개하고 싶은 리더십이 연저지인(吮疽之仁)이라고 하는 글귀에서 비롯된 리더십인데요. 연(吮)이라고 하는 것은 빨연, 저(疽)는 종기 저, 그리고 인(仁)은 어질 인 이런 뜻입니다. 이것이 무슨 뜻이냐 하면 옛날에 중국에 위나라 시대에 오기(吳起)라는 장수가 리더십을 발휘해서 후대까지 이야기되는 리더십입니다.

옛날에는 종기가 굉장히 무서운 병이었다고 합니다. 오기라는 장수가 전쟁에 나가서 부하가 등에 종기가 나서 고생을 하고 있어서 자기가 입으로 직접 고름을 빨아서 그 부하의 병을 낫게 해줬다는 뜻입니다.

여기에 얽힌 재미있는 이야기가 있습니다. 어떤 부인이 자기 남편이 전쟁에 나갔습니다. 그런데 마침 오기라는 사람의 부하가 되었는데 남편이 그런 종기가 나서 고생을 하게 되었습니다. 그런데 이 오기라는 장수가 자기 입으로 고름을 빨아서 낫게 해준 것입니다. 그러니까 남편이 목숨을 버려서까지 열심히 충성을 해서 싸워서 전사를 했지요. 그랬더니 그 다음 아들이 전쟁에 나가서 오기의 부하가 되어 종기로 고생을 하게 되었는데, 오기라는 장수가 또 다시 그런 리더십을 발휘를 했답니다. 그 소식을 전해들은 그 어머니가 자기 아들도 죽게 되었다고 대성통곡하는 그러한 이야기가 전해져내려 오는 것입니다. 이만큼 리더는 부하를 사랑하고 솔선수범하는 그러한 리더십을 가지고 있어야 된다는 의미로 후세까지 전해내려 오고 있습니다.

그래서 저는 이런 것들을 전부 종합을 해보면, 결국은 우리가 공통점으로 갖는 것이 우리 21세기에 요구되는, 그리고 이번 선거에서 국가와 지역을 위해 요구되는 리더십을 말합니다. 그 첫 번째는 미래의 비전을 제시하고 또 그것을 같이 공유할 수 있는 리더십을 갖춘 리더가 필요하다는 것입니다. 그것이 첫 번째 전략적 리더십(strategic leadership)이고요.

두 번째는 민주적 리더십(democratic leadership)을 갖춰야 된다는 것입니다. 이것은 결국은 소통을 잘할 수 있는 능력을 가진 사람, 국민과 지역주민과 소통을 해서 리더십을 발휘할 수 있는 리더를 말합니다. 그리고 포용과 화합을 할 수 있는 능력을 필요로 합니다. 지금 우리가 지역감정이라든지 이런 갈등문제를 해결하려면 포용과 화합의 리더십(integrative leadership)이 필요합니다.

그래서 이런 리더십을 가진 사람, 그리고 변화를 두려워하지 않고 변화를 창출하고 또 변화에 따른 위기를 관리할 수 있는 능력이 있는 혁신적 리더십(innovative leadership)입니다. 그리고 끊임없이 배우고 끊임없이 새로운 지식과 정보를 습득하는 그런 지식적 리더십(intellectual leadership)도 필요합니다.

끝으로, 도덕적 리더십, 즉 청렴결백한 도덕적 리더십(moral leadership)입니다. 그래서 역사는 그 사람이 축적한 부를 가지고 평가하는 것이 아니라, 그 사람이 가지고 있는 도덕성을 가지고 평가를 한다는 것을 중요시해야 합니다.

이제 2016년 금년에 총선도 해야 하고, 2017년 내년에는 대선도 해야 하고, 그 이듬해인 2018년에는 또 지방선거를 해야 합니다. 그래서 연속되는 선거에서 우리가 올바른 리더를 선출하려면 정말 그러한 리더십을 갖춘 그런 리더를 우리가 골라내서 선거에서 선택을 해야 합니다. 최선의 후보가 없으면 차선이라도 선택을 해야 합니다. 최악의 리더만은 반드시 도태시켜야 합니다. 그러한 사명감을 가지고 이번 선거에 임해야 될 것 같습니다.

오늘 이 시간 여기서 마치겠습니다.

감사합니다.

제22강 지방자치 시대, 선거가 중요하다

날씨가 많이 추워졌습니다. 겨울에는 또 이렇게 날씨가 추워야 한 해 동안 여러 가지 질병이나 이런 것도 줄어든다고 하네요. 또 농사도 도움이 된다고 하니까 추운 날씨에 건강하게 잘 이겨내야 될 것 같습니다. 날씨는 춥지만 정치 선거현장은 굉장히 뜨겁게 지금 진행되고 있습니다. 왜냐하면, 4 · 13 국회의원 총선거가 이제 석 달도 채 남지 않았기 때문입니다.

정당과 후보들은 열심히 움직이고는 있지만, 사실은 이러한 선거운동은 다 불법입니다. 아직 선거구 확정을 안 했기 때문에 기존의 246개의 선거구는 다 없어지고 지금은 어떻게 보면 무법적인 상황에서 선거운동을 허용해줬을 뿐입니다. 작년까지 헌법재판소가 결정하라고 한 선거구조차도 확정을 안 하고 있으니, 19대 국회는 정말 무능하고 불성실하다고 하지 않을 수 없을 것 같습니다.

국회에서 법을 만드는 데 그 법을 지금 무법상태로 만들었다는 것은 기본적인 민주헌정 사상에도 어긋나는 초유의 일입니다. 선거구가 없어진 일은 헌정사상 없었습니다. 그런데도 불구하고, 아직도 국회는 여야 간에 서로 세력다툼이라든지 어떤 당리당략적인 정쟁 차원에서의 경쟁만 하고 있을 뿐이지, 좀처럼 이러한 중요한 기본적인 문제조차 결정을 안 하고 있습니다.

더군다나 얼마 전에는 북한이 4차 핵실험, 즉 수소폭탄실험을 했다고 합니다. 하지만, 이렇게 국민의 생명과 재산이 벼랑 끝으로 내몰리고 있는 상황에서도 국회는 제 역할을 못하고 있습니다. 또 지금 경제가 어려워서 서민들이 그야말로 하루하루를 힘겹게 버티고 있는 상황에서도 국회는 오직 자기들의 일자리 창출만을 위해서 어느 당에 줄을 서야 되는지, 또는 어느 계파에 잘 보여야 되는지 이것만을 생각한다고 국민들은 보고 있기 때문에, 국민들이 지금 굉장히 분노하고 있습니다.

그러나 그렇다고 해서 우리가 정치를 너무 외면하거나 무관심해서는 안 됩니다. 그런 상황들이 여태까지의 이러한 정치행태를 불러일으킨 것이나 다름없다고 볼 수 있기 때문입니다. 민주국가에서 또는 민주주의 체제에서 선거는 너무나 중요합니다. 특히, 지방자치 시대에 선거는 말할 필요도 없습니다. 이 중요한 선거를 우리가 외면하거나 또는 등한시하게 되면, 더더욱 그런 실망스럽고 경멸할 수밖에 없는 정치를 우리는 소유할 수밖에 없다고 생각을 합니다. 물론 우리가 정치에 대한 실망을 넘어서서 분노로 가고 있지만, 우리는 이 정치현실,

그리고 지금 진행되는 이 선거를 좌시해서는 안 됩니다.

그래서 오늘은 선거가 왜 중요한지 간단하게 몇 가지 예를 들어서 설명을 하겠습니다. 선거는 유권자들의 표에 의해서 결정이 되지 않습니까? 민주주의에서 "투표는 탄환보다 강하다."라고 합니다. 다시 말해서, 선거에서 하는 투표를 통해서 총구같은 무력적인 여러 가지 것들을 이겨낼 수 있다는 의미입니다.

마르크스(K. Marx)와 레닌(V. Lenin)은 모든 권력은 총구로부터 나온다고 그러지 않았습니까? 총을 들어야 권력의 교체가 가능하다, 즉 프롤레타리아(proletariat)가 부르주아(bourgeois)를 넘어뜨릴 수 있다고 무력혁명 내지 유혈혁명을 정당화했습니다. 그러나 민주주의에서는 안 되죠. 그렇기 때문에 총구나 탄환보다도 강한 투표를 통해서 권력을 교체할 수 있다는 것이 민주주의의 모토입니다.

그래서 민주주의 체제 하에서 우리는 선거를 통해 표를 신성한 표를 행사하는 데 역사적으로 보면 이 한 표가 세상을 바꾼 사례들이 많습니다. 몇 가지 사례 중에서 제가 5가지 사례만 제시를 하겠습니다. 오늘 시간에는 2가지 사례만 소개하겠습니다.

오래전에 그리스 시대에는 직접민주주의를 했다고 합니다. 아크로폴리스(acropolis)라는 광장에 모여서 시민들이 격한 토론을 하고 난 후 합의를 이루어내는 그러한 직접민주주의를 했다는 전통이 있습니다. 그런데 어느 종교회의에서 한 주제를 놓고 너무 오랫동안 토론을 했는데, 결론이 안 나서 투표를 한 결과 한 표 차이로 결론을 냈다고 합니다.

그때의 주제가 바로 "여성은 인간인가, 동물인가?"라는 주제였다고 합니다. 지금 보면 너무나 어처구니없는 그런 주제이지만, 그 당시에는 여성들이 차별받으면서 인간으로 대접을 못 받는 여성들의 문제를 아주 심각하게 다루었던 것 같습니다.

그래서 다행히 한 표 차이로 여성도 인간이라고 결론을 냈기 때문에 여성들이 인간적인 대접을 받을 수 있었다고 합니다. 반대로, 여성이 동물이라고 결정이 되었다면 우리 여성들은 너무나 오랜 기간 동안 수모를 당했을지도 모릅니다. 다행스러운 일이지만, 지금 보면 어처구니없는 일이지요.

또 미국이 독립할 당시에 미국의 국어를 독어로 할까, 영어로 할까? 상당히 고민과 토론을 많이 했다고 합니다. 그 결과, 역시 결론이 안 나기 때문에 투표를 했어요. 그래서 투표를 해서 한 표 차이로 미국의 국어를 영어로 하자고 결정을 했다고 합니다. 만일 독어로 결정이 되었다면 아마 세계사가 바뀌었겠지요. 물론 몇 사람이 참여해서 한 표 차이가 났는지는 기록에 없지만, 좌우지간 아슬아슬하게 결정이 되었기 때문에 세계사가 바뀌었다고 볼 수 있는 것입니다.

게다가 제2차 세계대전을 일으킨 전범 히틀러(A. Hitler)가 당시에 새로운 정당인 나치당의 당수가 될 때는 한 표 차이로 되었다고 합니다. 1923년의 일입니다. 물론 그 후에 총통은 국민들의 직접선거를 거쳐서 200만 표 차 이상으로 압도적으로 총통이 되었지만, 나치당의 당수가 될 때는 한 표 차이로 되었다는 것입니다.

그래서 이 한 표가 그야말로 세계사를 바꾸었을 뿐만 아니라, 제2차 세계대전의 참혹한 전쟁을 불러일으킨 결과가 되었지요. 또 600만 명에 해당되는 유태인이 희생된 것도 이 한 표 차이로 당선된 히틀러 때문에 그런 것이라고 볼 때 이 한 표가 얼마나 중요한 것인가?

선거라는 것이 작은 승리자를 만들어낼 뿐만 아니라, 크게는 세계사를 어마어마하게 바꾼다는 점에서 얼마나 중요한 것인가를 일깨워주는 역사적 사례들입니다.

한 표가 세상을 바꿨다고 합니다. 따라서 우리가 그동안에 수많은 선거도 해왔고 이번에 4월 13일에 총선을 하기 때문에, 이 총선에서도 우리 유권자들이 그야말로 유권자 의식을 가지고 냉정하게 선택을 해야 합니다.

귀중한 한 표를 행사를 해야 합니다. 그러나 이 한 표 차이에 나타난 결과를 보셨듯이 민주주의는 선거만 참여한다고 해서 민주주의가 되는 것은 아닙니다. 그 선거에 참여해서 한 표의 승부를 내고 다수결의 원리를 적용했다고 해서 민주주의가 잘 진행되는 것은 아닙니다.

위에서 본 바와 같이, 히틀러도 선거를 통해서 당선된 사람이고 또 그 후에 국민 직선 총통이 되었잖아요. 그런 점에서 본다면, 선거만 한다고 해서 민주주의는 아닙니다. 그래서 독일도 패전 이후에 자기네들이 반성과 성찰하기를 선거만 한다고 민주주의는 아니다라는 사실을 깨닫는 것이었습니다. 선거를 해서 그들은 히틀러를 선택했지만, 결국은 국가도 망하고 인류에 엄청난 피해를 주었다면, 이것은 분명히 잘못된 선거가 아니냐고 새로운 인식과 평가를 하기 시작했습니다.

그래서 선거는 참여보다 중요한 것이 유권자들의 의식과 유권자들의 판단력이라고 결론을 냈습니다. 유권자들의 의식과 판단력이 담보되지 않는 선거의 참여는 민주주의를 절대로 보장하지 못했다는 이야기입니다.

따라서 우리는 지금까지 실망스러운 정치만을 봐왔고 또 모든 선거를 하고 나서는 늘 후회하지 않습니까? 뭐 엄지손가락을 자르겠다는 이런 후회를 되풀이하고 있는데 그 이유는 남을 탓하고, 정치를 탓하기 이전에 우리 유권자들이 올바른 유권자 의식과 올바른 판단력을 확보하지 못했기 때문에 나타난 현상이기도 합니다.

그렇기 때문에 정치수준은 그 나라와 그 지역 유권자들의 의식수준과 똑같다는 말을 우리가 잊어서는 안 됩니다. 우리가 정치의 수준이 이 정도면 우리 유권자 의식수준이 요만하기 때문에 그러한 정치수준으로 나타났다고 볼 수 있는 것입니다.

그러니까 정치를 경멸하고 탓하는 것도 중요하지만, 우리 유권자들이 올바른 관심과 판단력을 갖도록 하는 것이 대단히 중요해지고 있습니다. 그렇기 때문에 우리 유권자들은 총선을 앞두고 무관심과 외면이 아니라 지금 우리 국가가 어떤 문제를 안고 있는가? 또 이 정부는 어떻게 이 문제를 다루어가고 있는가? 또 그러한 점에서 지금 총선에 나선 후보들이 어떤 정책과 공약을 가지고 있는가? 그들은 우리 지역을 어떻게 발전시키려고 하는가에 대해서 예의 주시해야 합니다.

선거과정에서 이런 것들을 냉정하게 분석하고 비교·평가를 해서 최선의 후보를 선택하든지, 아니면 최악의 후보는 탈락을 시켜야 합니다. 우리가 만일 투표장에 가지 않거나 또는 투표장에 가더라도 아무 의식이나 판단력 없이 그저 시키는 대로 또는 그저 줄 투표를 한다든지, 로또선거를 한다든지 또는 지연·혈연·학연에 의해서 선거만을 계속 반복한다면, 결국은 우리를 다시 실망시키고 우리를 행복하게 하지 못하고 우리의 삶을 계속 좌절시키는 그런 정치만 우리는 소유할 수밖에 없다는 것이 제가 이야기하고 싶은 포인트입니다.

물론 선거가 제대로 되기 위해서는 여러 조건이 충족이 되어야 합니다. 공정하고 자유로운 법과 제도도 만들어져야 되는데, 지금 그것도 못 만들고 있지 않습니까? 또 정치인들의 양심적인 자세와 사명감도 있어야 합니다.

또 정당의 중요한 역할도 필요하고요. 올바르고 정말 좋은 후보를 후보로 내놓아야 되고 좋은 정당정책을 내놓아야 되지 않겠습니까? 우리나라 같이 이렇게 정당이 선거 때만 되면 이합집산을 하고 분당을 하고 이 야단을 치는 상황에서는 책임정치는 물론 올바른 후보를 국민과 유권자 앞에 내놓지도 못합니다.

그러나 이 조건보다 더 중요한 것은 유권자들의 사명감과 유권자들의 판단입니다. 그래서 이번 선거에서만큼은 다시 한 번 우리 유권자들이 한 표 한 표가 세상을 바꾼다, 그리고 또 우리 유권자들이 살아있을 때 정치는 달라질 수밖에 없다, 정치가 우리가 살아있을 때 정치와 정치인이 우리를 함부로 하지 못한다는 메시지를 강하게 주기 위해서는 우리 모두가 이번 선거에서도 관심 가지고 지켜봐야 합니다.

또 우리가 '자치펀치'의 글러브를 끼고 유권자들이 잘못된 정치, 잘못된 정치인을 날려 보내야 합니다. 그것이 이번 선거의 우리의 자세라고 생각을 하고, 그만큼 이번 선거가 굉장히 중요하다는 결론을 내리면서 이야기를 마치겠습니다.

감사합니다.

제 23 강 주민참여는 자치행정의 기본

오늘 이 시간에는 익히 우리가 그동안 강조해왔던 주민참여와 소통 문제에 대해서 한 번 생각을 해보고자 합니다.

작년 연말에 정부가 위안부 문제를 아주 전격적으로 일본과 담판을 해서 합의를 낸 바 있습니다. 그래서 일부에서는 역대 정부에서 하지 못한 아주 획기적인 결정을 일본과 담판을 해서 사과도 받아내고, 우리의 뜻을 관철했다는 긍정적인 평가를 내리기도 했습니다. 하지만, 한편으로는 너무 졸속적으로 피해당사자들의 의견을 귀담아 듣지 않고 승인 없이 이루어진 졸속적인 결정이었다고 비판하는 사람도 있습니다.

저도 굉장히 안타깝게 생각을 합니다. 참 어려운 결론을 끌어내기도 했습니다. 그리고 어떻게 보면 미래로 가기 위한 한일관계의 재정립 차원에서는 굉장히 중요한 결론을 이루었음에도 불구하고, 국민들로부터 평가를 제대로 받지 못하고 있는 것 같습니다. 더욱이 피해당사자인 위안부 할머니들이 이것을 전격적으로 수용하고 있지 못한 점에 대해서는 참 안타깝고 아쉬운 점이 크다고 보는 것은 바로 제가 오늘 강조하고 싶은 참여와 소통의 문제입니다.

종전까지는 우리가 국정을 운영하든지 지방행정을 운영하든지 또는 모든 조직에서 항상 참여의 문제는 중요시하면서도, 그 참여의 주체는 대부분이 전문가들의 참여 또는 공무원들의 참여에 국한되어 있었습니다.

다시 말해서, 이번 정부에서도 위안부 문제를 해결하는 데 있어서도 그들의 주된 협상 주체는 전부 공무원들이었죠. 그리고 아마도 전문가들이 상당한 어드바이스를 주고 조언을 주었을 것입니다. 그래서 정말 합리적이고 정말 최선의 결정을 내렸다고 아마 스스로 생각을 할 것입니다.

그러나 현대조직이나 현대행정에서 아무리 우수한 사람이나 아무리 엘리트가 결정을 했다고 하더라도, 그 정책이나 결정에 관련된 당사자나 국민 또는 지역주민들의 참여가 없다면, 그래서 소통과 참여가 없다면 그 결정을 합리적이거나 또는 수용할 수 있는 결정이라고 볼 수는 없습니다.

옛날하고 달라진 것이지요. 옛날에는 일반국민들 또는 당사자들을 좀 제쳐놓고 전문가들끼리 결정하는 것이 더 합리적이고 더 우수하다고 생각을 했었습니다. 그리고 공무원들이 더 잘 안다는 선입견을 가지고 문제를 해결해 왔거든요.

그런데 지금은 달라졌습니다. 지금은 그런 식의 정책결정, 소통과 참여가 배제되거나 제약된 속에서의 결정에 대해서는 일반 대중들이 아무리 우수한 결정이라 하더라도 승복하지 않습니다. 또 엘리트들만의 결정이 다수의 결정보다 우수하다는 그러한 전제도 이제 무너지고 있습니다.

옛날에는 소수 엘리트, 즉 뛰어난 공무원들끼리만 결정하면 다수는 끌어가는 것으로 생각했지만, 이제는 소수 엘리트보다 아마추어 다수가 더 우수한 결정을 하는 경우가 더 많아지고 있습니다.

제가 하나 예를 든다면, 개미 한 마리는 대단히 지능도 떨어지고 부족합니다. 그런데 개미가 여럿이 모이면 '페로몬(pheromone)'이라는 화학물질이 분비되면서 개미 다수의 집단활동은 굉장히 지능이 뛰어나게 된다고 하는 것입니다. 그러니까 개미 한 마리는 우습지만, 개미가 여럿이 모이면 상당히 우수한 행동과 결정을 한다는 것이 증명이 되고 있거든요. 하물며, 인간은 마찬가지거나 더 하지요.

이제는 우리 다수들이 옛날에는 좀 열등했지만, 또 정보나 능력 면에서 뒤졌지만 지금은 다 좋은 교육을 받고 있을 뿐만 아니라, 인터넷이나 스마트폰을 통해서 굉장히 무장이 되어 있습니다. 그렇기 때문에 이 다수들이 가지고 있는 정보나 실력이 더 우수할 수 있거든요.

그것을 '집단지성의 힘'이라고 합니다. 이제는 소수 엘리트의 시대가 아니라 집단, 다수 군중의 시대로 가고 있습니다. 그래서 옛날의 한 가지 예를 드는 것이 잘 알고 있겠지만, 우리가 그 동안에 가장 유명하고 가장 신뢰할 만한 백과사전이 『브리태니커(*Britannica*) 백과사전』이었습니다.

저도 그것을 통해서 공부를 했고 지금도 책장에 진열되어 있습니다. 그런데 지금은 대부분 『브리태니커 백과사전』은 없어졌어요. 이 백과사전은 전문가들, 전 세계에 있는 전문가들에게 질문을 하고 자문을 받고 그들의 의견을 취합해서 여러 달 또는 몇 년을 거쳐서 그것을 정리를 해서 만들어내는 것이 『브리태니커 백과사전』이었거든요.

그러다 보니까 시간도 많이 걸리는 것은 물론 전문가들끼리만 만들다 보니까 시시각각으로 변하는 정보를 담아내지 못하고 그 정보도 상당히 질이 떨어지게 되었습니다. 그래서 최근에 인터넷 시대에 나온 것이 『위키피디아(*Wikipedia*) 백과사전』이거든요. 이것은 인터넷에서 다수가 동 시간에 만들어내는 백과사전입니다.

이 사전은 다수들이 가진 다양한 최신의 정보를 담아서 만든 백과사전이기 때문에 『브리태니커 백과사전』보다도 더 업데이트되어 있고, 더 깊은 내용을 가지고 있고, 더 다양한 내용을 가지고 있습니다. 그래서 브리태니커의 시대는 가고 위키피디아 시대가 온 것입니다. 이것이 바로 소수 엘리트 시대에서 다수 군중의 시대로 가는 대표적인 사례로 꼽고 있습니다.

기업도 마찬가지입니다. 기업도 이제 기업 속의 전문가나 기업 내부의 조직구성원들만 가지고 기업을 운영하면 망합니다. 이제는 소비자들에게 직접 의견을 물어봐야 되고, 소비자들의 아이디어를 끌어들여야 되는 그런 시대로 갑니다. 그만큼 참여와 소통이 이제는 기업과 정부의 가장 기본적인 전제조건이 되고 있는 것입니다.

그런데 우리 위정자들이나 소위 엘리트들이라고 하는 사람들이 큰 착각을 하는 거예요. 이들이 결정하면 우수하다, 이들의 결정을 아마

추어나 일반다수는 그저 따라가면 된다고 생각하는데 천만의 말씀입니다.

그들 결정의 우수성도 이제는 떨어질 뿐만 아니라 그렇게 일방적으로, 참여와 소통 없이 일방적으로 한 결정에 대해서는 절대로 협력하지 않습니다. 내가 참여해서 같이 결정을 내렸을 때 만이 그 결정에 대해서 내가 협력을 하게 된다는 것이지요. 그러면 어떻게 되겠습니까?

정책도 성공가능성이 높아지고, 정책도 엘리트들이 잘 디자인한 정책이 중요한 것이 아니라 끊임없이 많은 참여와 소통을 통해서 다듬어진 정책이 성공가능성을 더 높이기 때문입니다. 뿐만 아니라 정책이 이미 수행이 되서 나타난 결과에 대한 책임에 대해서도 참여가 되었을 때는 같이 공동책임을 지게 되는 것입니다.

그러니까 정부가 아무리 좋은 일을 해도 국민 내지 주민들의 참여와 소통을 생략해버리면 또는 제한해버리면 그 결과에 대한 책임은 전부 다 당사자인 정부 혼자 지게 되는 것이죠. 위안부 문제의 원인도 여기서 비롯된 것입니다.

아무리 좋은 결정을 했어도 당사자나 일반국민들에게 충분한 의견을 묻는 그러한 과정과 일종의 이벤트(event)라도 생략했다면, 그 결정이 아무리 우수해도 그 결정에 공감하지 않거나 협력하지 않는다는 것은 굉장히 중요한 교훈입니다.

그러니까 앞으로도 국정을 제대로 운영하려면 일반국민들 다수를 어떻게 끌어들이느냐, 어떻게 참여시키느냐를 중요시해야 합니다. 옛날에는 불가능했습니다. 옛날에는 어떻게 그것을 끌어들입니까? 어떻게 다 물어볼 수 있겠습니까? 다 한 자리에 어떻게 모일 수 있겠습니까? 그러나 이제는 가능해졌습니다. 어떻게? 인터넷과 사이버공간에서 모이는 것입니다.

그러므로 그러한 과정을 생략해서는 안 되고 또 리더가 돌아다니면서 의견을 수렴하는 것은 그것도 필요하지만 진정한 참여가 아닙니다. 정책결정에의 주민참여는 시스템적으로 항시적으로 의견이 들어올 수 있도록 열어놓고 상호 쌍방적인 커뮤니케이션을 해야 합니다.

그러니까 소통과 참여의 문제는 그냥 리더의 활동과 역할에만 그치는 것이 아니라, 시스템적으로 상시적으로 공식적, 비공식적으로 채널이 보장이 되어야 된다는 것인데 이것이 우리가 부족한 것입니다. 제가 살고 있는 대전도 여러 가지 현안문제들 예컨대, 지하철 문제, 원도심 활성화 문제, 이러한 문제가 효과를 내지 못하는 이유는 참여와 소통이 생략되거나 제한되어 있기 때문에 그렇습니다.

우리끼리만, 우리와 뜻을 같이하는 전문 엘리트과, 우리 편만의 이야기를 소통하고 그들만을 참여시킨 그들만의 리그 속에서는 성공하지 못합니다. 이제부터는 반대의견은 물론 다양한 일반시민의 의견도 다 담아낼 수 있는 그런 시스템, 그러한 채널, 그리고 그러한 문화, 그러한 공무원들의 자세, 이것이 보장되지 않으면, 이것이 확보되지 않으면 정책은 성공하기가 어렵다고 봅니다.

그만큼 오늘날에는 이 행정을 수행하기가 어려워진 것입니다. 옛날에 엘리트끼리만 하면 쉬웠죠. 그러나 이제는 일반국민, 아마추어 다수들의 참여와 소통을 거치려고 하면 불편하고 때로는 돈도 들고 때로는 시간도 걸리고 얼마나 그것이 힘듭니까? 그러나 그것을 효율적이라는 미명 하에 생략하면 나중에 더 큰 비효율성과 더 큰 낭비를,

더 큰 비용을 치를 수밖에 없습니다. 이것이 현대행정의 중요한 특징입니다.

다시 한 번 강조하건대, 소통 그것은 일방적인 소통이 아니라 쌍방향적인 소통(two-way communication), 그리고 그 소통은 채널화, 시스템화되어야 한다는 것, 그리고 그 다음에 참여의 문제는 엘리트만의 참여가 아니라 당사자와 일반시민 내지 일반국민들의 참여가 가급적이면 보장되어야 한다는 사실입니다.

그리고 그 참여의 핵심은 정책결정과정에 참여해야 됩니다. 주민참여라고 해서 집행과정에만 들러리로 참여시키는 것은 의미가 없죠. 참여의 핵심은 의사결정과정에 있습니다. 공동결정(Co-determination)을 해야 합니다. 정부도 그렇고 노사결정도 그렇고요.

얼마 전, 한노총이 노사정협의회에서 탈퇴했습니다. 그 이유를 뭘까요? 공동결정을 안 해주고 사용자 측에서 일방적인 결정만 한다는 이야기입니다. 이 점을 우리가 놓쳐서는 안 되겠습니다.

다시 한 번 주민참여와 소통을 우리가 강조하고 중요시한다면, 우리가 놓친 국정 문제, 그리고 각 지역마다 지금 고민하는 지역 문제를 해결하는 단서를 찾을 수가 있을 것입니다.

오늘 '자치펀치' 여기서 마치겠습니다.

감사합니다.

제24강 텔레토비와 국회의원

요즘 국회와 국회의원들 때문에 우리 국민들이 굉장히 화가 많이 나 있습니다. 경제는 점점 어려워지고 있고 서민들의 삶은 팍팍해서 하루하루를 견디기가 어려운 상황이라고 합니다. 또 북한은 조만간에 장거리미사일을 또 발사할 준비를 하고 있다고 하니까 계속 불안하기만 합니다.

그런데도 불구하고, 국회는 여전히 그런 비상시국에 대처할 수 있는 입법을 하지 않고 있기 때문에, 더더욱 무책임한 정치의 극치를 보여주고 있다고 해도 과언이 아닙니다.

경제를 활성화시키는 여러 가지 경제촉진법이라든지 테러를 방지하는 안보 관련 법안들이 19대 국회가 여전히 통과시키지 못하고 막을 내려야 하는 그러한 상황에 놓여 있습니다. 여야가 다 공히 책임이 있는 것이고, 또 하루 속히 얼마 남지 않은 기간 동안에 여야가 머리서 맞대고 합의를 이루어내는 그러한 모습을 마지막으로 좀 보여줘야 되겠습니다.

그런가 하면, 4·13 총선도 불과 60여 일밖에 안 남았는데 여전히 선거구도 획정을 안 해주고 있음과 동시에 공천을 어떻게 할 것인지 구체적인 룰도 아직은 결정하지 못하고 있는 상황입니다. 오로지 새로운 당이 창당하고 이런 것만 이루어지고 있는 이 상황이 답답하고, 또 국민들의 분노를 일으키고 있습니다.

그래서 제가 재미있는 우스개 유머를 하나 알려드릴게요. 여러분 텔레토비(teletubbies)를 아시지요? 어린 아이들이 좋아하고, 우리도 아이들 키우면서 많이 봤던 유아프로그램입니다. 텔레토비와 지금 국회의원과 7가지의 공통점이 있다고 합니다. 우선, 그 내용을 보니까 상당히 공감이 가는 내용이라서 제가 우스갯소리로 이야기하겠습니다.

우선, 첫 번째는 둥근 지붕에 산다고 합니다. 텔레토비도 사는 곳이 둥글둥글하게 생긴 집에서 살고 있고, 우리 국회도 여의도 국회의사당 지붕이 둥글지 않습니까? 그래서 맞는 것 같고요.

두 번째는 TV에 자주 출연합니다. 텔레토비는 TV를 통해서 보고 있었고, 또 우리 국회의원들이 항상 TV 뉴스에 가장 먼저 등장이 되고 있을 뿐만 아니라, 각종 토론회나 각종 프로그램에 자주 등장을 합니다.

세 번째는 색깔을 가지고 있다는 것입니다. 텔레토비도 노란색을 띤 인형이 있고 빨간색, 보라색, 각 색깔을 입은 인형들이 돌아다닙니다. 우리 국회의원들도 요즘에 예비후보들이 각각의 색깔이 들어 있는

옷을 입고 열심히 뛰어다니고 있습니다. 그렇다면 공통점이라고 볼 수 있겠지요.

네 번째는 우리 국회의원들을 비하하는 이야기이기는 하지만, 하는 일 없이 떼 지어 다닌다고 합니다. 국회도 지금 일을 안 하고 있잖아요. 그리고 텔레토비들도 항상 우르르 몰려다니면서 별로 하는 일은 없습니다.

다섯 번째는 계속 지겹게 똑같은 말만 되풀이한다는 것입니다. 텔레토비도 아이들 언어를 가르치는 목적이 있기 때문에 계속 반복되는 말만 하거든요. 우리 어른들이 보기에는 아주 지겹지요. 그런데 국회의원들도 마찬가지입니다. 국회의원들도 매번 국민을 위한다는 같은 말만 되풀이하고 있을 뿐입니다.

여섯 번째는 자기네들끼리 이야기하고 아주 몹시 좋아한다는 것이지요. 말하자면, 우리 국민들이 좋아야 하는데 국회의원들은 서로 자기네들끼리만 좋아한다는 것입니다. 킥킥대면서 자기네들끼리만 좋아하는 텔레토비도 마찬가지입니다.

마지막으로, 일곱 번째는 제가 여기에 적어 놓지 않았습니다. 이것은 제가 만든 것이 아니고, 유머집에 있는 내용이라서 제가 인용한 것이기 때문에, 일곱 번째를 굳이 이야기를 한다면 아주 슬픈 이야기인데 텔레토비나 국회의원이나 다 같이 사람이 되기는 어렵다는 이야기입니다.

그건 아주 좀 치욕스러운 일이지요. 그만큼 우리 국회와 국회의원들에 대한 국민들의 실망감과 분노가 상당히 높다고 보기 때문에, 이 유머는 지금까지도 상당히 유효하지 않는가 생각을 가져봅니다.

아무튼, 국회, 정말 법을 만들고 우리 생활 또 우리들의 삶을, 그야말로 삶에 관련된 법과 정책을 결정하는 그런 국회이기 때문에, 우리가 이 국회에 대해서 불만도 가질 수밖에 없을 뿐만 아니라 늘 기대와 요구를 할 수밖에 없는 입장이지요.

어떻게 보면 제가 그동안에 이 '자치펀치'에서 펀치를 많이 날리지 못했는데, 지금 19대 국회와 국회의원에 대해서는 정말 강력한 펀치를 날려서 정신을 바짝 차리게 하고 싶습니다. 또 이번 선거를 통해서 정말 무능하고 구태의연한 그런 정치인, 그런 국회의원들은 이 펀치로 날려 보내야 될 것 같습니다.

우리나라만 이렇게 국회의원들이 사실은 후진적인 정치를 하고 있습니다. 국회는 식물화되어 있습니다. 어떻게 보면 동물국회, 그저 싸우고 하는 그런 동물국회의 모습을 탈피하고자 선진화법도 만들고 자기 나름대로 노력은 했겠지만, 결과적으로는 오히려 동물국회를 피한다는 것이 식물국회화되어 버린 그런 상황입니다.

또 국회의원들이 결국은 보수나 진보의 진영논리에 갇혀서 극한적인 대결을 하면서, 오로지 다음 선거에서 승리만을 위한 정당을 만들어내는 모습들은 그야말로 우리가 지금 경제적으로는 세계 15위권에 왔다고는 하지만, 정치적으로는 저 밑에 보이지 않는 후진정치를 하고 있다고 볼 수밖에 없습니다.

아직 비교의 대상까지는 안 되지만 제가 스웨덴의 정치를 보면 그야말로 우리 정치의 현 주소를 보는 것 같습니다. 스웨덴은 보면 볼수록 굉장히 부러운 나라입니다. 작은 나라지만 아주 강한 나라지요. 이 나라가 1860년대로 거슬러 올라가면 대단히 빈곤하고 배고픈 나라였습니다. 또 저 북반구는 기후적으로 열악한 환경이지 않습니까? 너무나 춥기만한 동토의 땅이지요.

그런 스웨덴이 1930년대까지는 정말 배고픔을 해결하지 못해서 인구의 3분의 1일이 이민을 갈 수밖에 없는 그런 상황이었다고 합니다.

그렇게 척박하고 그렇게 어려운 나라가 지금은 어떻게 되었습니까? 굉장히 민주화, 선진화된 복지국가가 되었거든요.

모든 사람들이 평등한 그런 나라, 실패해도 재기할 수 있는 나라, 그리고 고등학교만 나와도 자기의 실력을 발휘해서 차별받지 않고 사회에서 살아갈 수 있는 나라, 그리고 장애를 가지고 태어나도 동등한 교육제도를 통해서 창의력을 발휘할 수 있는 그런 사회, 그리고 공직자들이 깨끗하고 투명한 그런 사회, 그리고 더더욱 제가 부러운 것은 정치인을 구할 수가 없어서 늘 선거 때마다 애를 먹는 나라라고 합니다.

무슨 이야기냐면 정치인들이 별로 안 나서려고 하는 거예요. 왜냐하면, 정치인의 업무강도가 너무 세기 때문입니다. 정치인이나 국회의원이 되면 일이 너무 많기 때문에 서로 안 하려고 한다는 것입니다. 우리는 지금 서로 정치를 하려고 정치예비후보들이 넘쳐나고 있지 않습니까? 그럼에도 불구하고 이 나라는 서로 정치를 안 하려고 하는 그런 나라라고 하니까 우리로서는 이상하게 보이기도 하고 또 부럽기도 하고 그렇습니다.

특히, 스웨덴을 선진국으로 발돋움시키는 데 중요한 역할을 한 리더가 엘란데르(T. F. Erlander)라는 총리입니다. 엘란데르가 45세에 총리가 되어서 68세에 그만둘 때까지 23년 동안 재임을 했거든요. 그런데 엘란데르가 스웨덴을 아주 수준 높은 복지국가, 그리고 경제가 부흥한 국가로 만든 것에 기여했다는 사실이 중요한 성과지만, 더더욱 엘란데르가 높이 평가를 받는 것은 정치를 할 때 상대방과 대화와 상생과 협력을 유도했다는 것입니다.

그래서 정치인들 여야가 물론 있는 상황에서 사회적인 대타협을 함과 동시에 서로 합의를 이끌어내서 화합과 통합의 정치를 만들어냈습니다. 그래서 엘란데르 총리를 스웨덴 국민은 가장 사랑하는 정치인이라고 합니다. 그리고 더더욱 엘란데르가 존경까지 받는 이유는 68세에 정치를 은퇴하고 자기 고향으로 돌아가려고 할 때 엘란데르가 고향으로 돌아갈 집이 없었다는 것입니다.

말하자면, 오랫동안 총리를 하는 동안에 많은 업적을 남기고 했음에도 불구하고 자기는 돌아갈 집조차 마련하지 못한 이러한 총리였기 때문에, 국민들은 더 열광하고 존경하고 사랑을 했고 엘란데르에게 국민들이 성금을 모아서 집을 마련해줬다는 것이죠.

얼마나 이것이 부러운 일이겠습니까? 우리는 한 번도 그런 정치인을 아직 대하지 못한 것 같습니다. 전부 다 무슨 정치를 은퇴하거나 또는 서거를 하거나 하면 굉장히 호화로운 집과 많은 재산을 축적을 하고, 또 돌아가신 후에는 많은 성스러운 묘지를 만들고 하는 모습에 우리는 익숙해져 있지, 초라하고 빈곤한 가운데 국민들에게 다 돌려주고 떠나는 정치인을 아직은 우리가 보지 못한 것 같습니다.

아마 이러한 정치인, 이러한 국회의원들이 이제 나서게 될 때만이 우리 국회나 국회의원들이 국민으로부터 신뢰와 사랑을 받는다고 생각합니다. 그러니까 이런 선진화된 정치를 하는 나라에서 정치인들이 추구하는 최고의 가치는 재산을 축적하고 권력을 쥐는 것이 아니라, 국민들로부터 신뢰와 사랑과 존경을 받는 것입니다. 이것이 그들 정치인들이 추구하는 최고의 특권입니다.

그렇기 때문에 우리도 이러한 정치인이 추구하는 최고의 가치관이 달라져야만 국회도 달라질 것입니다. 그래야만 정치도 개혁이 될 것이고 지금과 같이 과잉정치화되고 또 정치가 타락하고 이렇게 세속화되는 것이 앞으로는 멈출 수 있을 것으로 생각을 합니다.

특히, 스웨덴의 엘란데르 총리가 그만두고 총리를 새로 모실 때도 이 스웨덴의 정치인들은 다 한사코 사양을 했습니다. 어떤 사람은 내가 자녀교육을 해야 한다, 어떤 사람은 정치적인 일이 너무 힘들다, 또 정치인으로서 내가 할 역할은 다 했다, 뭐 이런저런 핑계로 총리를 다 사양을 했다는 것입니다. 우리나라와 같이 청문회 때문에 그런 것이 아닙니다. 그런 점도 우리에게는 상당히 앞으로 보고 싶은 그런 모습이라고 생각합니다.

아무튼, 19대 국회가 이제 역사적 뒤안길로 사라지고 20대 국회가 우리 앞에 나타나게 됩니다. 20대 국회는 보다 깨끗하고, 보다 국민들을 위해서 일하는 그러한 정치인으로 채워지기를 기대합니다. 또 그런 사람들이 이번 4 · 13 총선에서 선출되기를 바라면서 이번 시간 마치겠습니다.

감사합니다.

제 25 강 대화를 통한 타협과 협상은 민주주의의 기본

오늘 이 시간에는 우리 사회가 가장 부족한 부분에 대해서 이야기를 하고 싶습니다. 정치도 그렇고, 사회도 그렇고 우리가 조금 부족한 부분이 여러 가지 있습니다. 그중에서 소통, 그리고 타협과 협상에 대한 중요성과 이 문제를 앞으로 우리가 어떻게 발전시켜나갈 것인가에 대해서 이야기하고 싶습니다.

우리가 지난 기간 동안에 타협과 협상에 관한 몇 가지 사례를 보면서 굉장히 실망을 많이 했어요.

첫째는 위안부 문제를 놓고 한・일 간에 타협과 협상을 해서 합의를 이루어냈다고 합니다. 물론 국가 간에 최초로 우리가 원했던 사과도 받아내고 보상도 받아내는 성과도 있었다고는 하지만, 가장 중요한 것은 그 당사자인 우리 위안부 할머니들이 이 합의에 대해서 결코 받아들일 수 없다면서 수용을 안 하고 있는 것이 가장 큰 문제입니다.

저는 이 부분이 잘될 수도 있었는데 굉장히 아쉽습니다. 양 국가 간에 협상이 어렵게 처리를 했음에도 불구하고, 물론 최선을 다했다고 정부는 말하지만, 결과적으로는 국민들에게 큰 호응을 받지 못하고, 특히 당사자인 위안부 할머니들로부터 공감이나 수용을 받아내지 못한 부분이 아쉬운 부분입니다. 그런데 그것은 여러 가지 요인이 있지만, 우리가 여전히 정부의 고위직 공무원들조차도 타협과 협상에 대한 전략이 굉장히 취약하다고 저는 생각을 합니다.

마찬가지로, 또 우리가 북한과도 관계 당국 간에 타협과 협상을 해오지 않았습니까. 대치를 했다가 또 화해 무드로 가면 타협과 협상을 해요. 우리가 이산가족 문제에 대해서도 그랬고, 지난번 천안함사건이나 목함지뢰사건 때도 북에서 와서 우리와 타협과 협상을 했습니다. 그때도 보면 우리가 열심히 협상에 임하고 또 우리 의사를 관철했다고는 하지만, 결과적으로 합의에 이른 결과를 보면 우리가 항상 뒤진 것 같아요. 항상 우리가 얻어낼 것을 얻어내지 못하고, 또 국민들로부터 많은 호응을 받아내지 못하는 부분들이 늘 반복되고 있습니다.

또 여·야 간에 지금 정치도 마찬가지입니다. 정치라는 것은 타협과 협상을 해야 하거든요. 상대방을 아주 제거하려거나 타도하지 않는 이상은 절충점을 찾고, 합의점을 찾아야 합니다. 그것이 민주정치입니다. 그런데 우리는 여전히 물리력이라든지 또는 정치적 타협과 협상을 해서 합의에 이르러야 되는데 이것을 법적 문제로 가져가서 사법적으로 해결하려고 하는 데 익숙해 있습니다. 정치로 해결할 일을 법적으로 해결하려고 하는 정치, 말하자면 정치 본연의 역할을 다하지 못하는 것이자 책임을 회피하는 것이죠.

그래서 우리가 이렇게 가는 한 앞으로 민주정치로 가기는 어렵다고 봅니다. 지금 우리는 독재국가가 아닌 이상은 생각이 다양하고, 그래서 정당이 있고 정당 간에는 서로 경쟁을 해야 되고, 또 그렇게 해서 국민들로부터 지지를 받아야 됩니다. 그래서 우리는 선거를 통해서 승자를 내야 되는 그러한 경쟁을 해야 됩니다.

그럴 때마다 우리가 대화를 통한 타협과 협상이라는 문제가 늘 거기에 개입될 수밖에 없는데, 우리는 이 부분이 대단히 취약하다는 것입니다. 우리는 대화를 잘하는 것 같지만 실제로는 대화를 잘못합니다. 왜냐하면, 대화라고 하는 것은 듣는 것과 말하는 것이 있잖아요?

그런데 우리는 여전히 이 대화라는 것을 말하는 것을 중요시합니다.

듣는 것은 소홀히 하고, 말을 잘해야 대화를 잘한다고 생각하거든요. 그래서 말을 잘해서 상대방을 계속 설득시키죠. 우리는 상대방에게 영향력을 주려고 하는 것이 대화의 가장 중요한 전략이고, 대화를 성공적으로 이끄는 길이라고 알고 있는데 사실은 그렇지 않습니다.

선진국에서는 어렸을 때부터 대화와 토론을 많이 시키거든요. 우리의 교육은 어렸을 때부터 주입식 위주의 교육입니다. 또한 개개인을 대상으로 한 교육이지요. 요즘에는 조금 나아졌지만, 우리가 성장하고 지금 많은 기성세대들은 전부 다 토론보다는 주입식 교육을 받아왔습니다. 정답만을 알고 정답만을 찾아가는 교육을 받았지 같이 상의하고 토론해서 어떤 답을 같이 만들어내는 그런 교육을 못 받았거든요.

그런데 선진국, 특히 유태인도 대화를 통한 토론 위주의 교육을 한다는 것을 우리가 누누이 다른 매스컴을 통해서 봤습니다. 마찬가지로, 제가 미국에서 공부할 때도 수업 대부분의 내용은 토론이지요. 또 과제를 주더라도 거의 개인별로 과제를 주는 것이 아니라, 집단별로 그룹스터디를 하게끔 만들거든요. 그래서 그룹스터디를 하면 동료들과 그 그룹의 소속 구성원들이 서로 상의와 토론을 하고, 그리고 최종 보고서를 만들어내기 위해서는 합의를 해야 됩니다. 그게 익숙해요.

그런데 그때 제일 중요한 것이 무엇인가 하면 말하는 것보다 듣는 것입니다. 남의 이야기를 경청하는 것이죠. 그런데 우리는 거기에 익숙지가 않아요. 남의 이야기를 들을 수 있는 자세, 그러한 인내력, 그러한 아량이 상당히 부족하지요. 그런 문화가 부족합니다.

사실은 옛말에도 "우리가 말을 배우는 데는 3년밖에 안 걸리지만, 듣는 것을 배우는 것은 60년이 걸린다."는 말이 있습니다. 그만큼 말하는 것보다 듣는 것이 더 어렵다는 의미입니다. 남의 이야기를 들을 줄 알려면 포용력도 있어야 하고, 인내력도 있어야 하고, 또 듣는다는 것은 가만히 있는 게 듣는 것이 아니라, 상대방이 하는 이야기를 호응하고 같이 감정을 맞춰주는, 감정이입적 경청(empathic hearing)을 해야 합니다. 그것은 더더욱 어렵고, 해본 적이 없습니다. 우리는 그것을 배운 적이 없습니다.

그래서 우리가 많은 교육을 받으면서 민주시민을 위한 교육을 받았다고 하더라도, 같이 모여서 타협과 협상을 해서 합의를 만들어내는 그러한 과정, 그러한 전략, 그러한 문화가 여전히 결여되어 있습니다.

우리가 국제 간에 타협과 협상을 할 때도 우리는 늘 우리가 손해를 봐요. 이번에 위안부 할머니들의 일본과의 협상 문제도 일본은 전략적으로 단단하게 준비를 하고 온 것입니다. 그런데 우리는 감정적으로만 가지고 이 문제를 다루려고 했기 때문에 막상 결과물을 보니까 우리가 손해를 본 거예요.

이 합의문에 대해서 일본은 불가역적이다, 최종적이라고 했습니다. 이제는 되돌릴 수도 없는 그러한 결정을 우리는 너무나 빠르게 당사자의 의견도 물어보지 않고 해버린 것입니다. 이것은 실수일 수도 있고, 또 그동안에 우리가 그러한 능력을 키우지 못한 아주 대표적인 사례라고 저는 생각을 합니다.

또 남북 간의 협상에서도 북한은 타협과 협상에 대해서는 우리보다 앞서 있는 것 같습니다. 그들은 늘 집단토론을 합니다. 북한은 그 내용이 잘못되었지만 항상 토론을 통해서 대화를 하거든요. 우리가 생각할 때 그 내용이 우상화, 찬양이라서 그렇지, 어쨌거나 대화를 통한 토론 문화에 대해서는 우리보다 앞서 있다는 생각이 듭니다.

우리는 그런 경우가 없잖아요, 토론을 잘 안합니다. 제가 대학에서 대학생을 가르치는데도 토론할 줄 모릅니다. 들을 줄도 모르고 또 말할 줄도 몰라요. 말이라는 것이 매끄럽게 유창하게 한다고 잘하는 것이 아니지 않습니까? 진실해야 하고, 상황에 맞는 말을 해야 하고, 상대방의 수준과 말의 수준을 맞춰야 하고, 나아가 낮은 자세로 겸손해서 말하는 예의가 있어야 하지 않습니까?

그런데 우리는 그런 것을 안 배웠기 때문에 남의 이야기를 참지를 못합니다. 그렇게 대화를 할 줄 모르기 때문에, 우리는 대화를 잘한다고 하는데 사실은 대화를 잘못하는 것입니다. 그런 기본이 안 되어 있는 상황에서 우리가 타협과 협상을 하고 억지로 합의를 만들어내려고 하다 보니까, 이 합의의 결과에 대해서 우리가 존중을 하지 않고 합의는 깨지기 마련입니다.

그리고 어떻게 보면 민주주의에서 다수결의 원리라는 것이 가장 중요한 원칙이기는 하지만, 이 다수결의 원리라는 것은 최선이 아닌 가장 최후의, 가장 최악의 선택이고 최후의 선택이거든요. 결론에 이르기 전에 타협과 협상을 통해서 합의를 만들어내는 것이 중요하지, 모든 것이 그냥 대화와 토론 없이 다수결의 원칙만 적용한다면 그것은 아주 초보적인 민주주의라고 볼 수밖에 없습니다.

그런데 그런 다수결의 원리를 그렇다고 해서 무시해서는 안 되는데, 토론과 대화를 충분히 해도 이게 합의가 안 되면 다수결의 원리로 가는 것입니다. 그러나 우리는 충분한 토론을 못하는 것 때문에 문제가 있는 것이지요. 합의를 이루어낼 수 있는 능력을 못 갖추었기 때문입니다. 그리고 그렇게 하고자 하는 문화와 의식이 아직은 형성이 안 된 것입니다.

제가 가지고 있는 책들을 살펴보면, 외국에서 제가 배운 것이기도 하고 계속해서 외국에는 이런 책들이 많이 나오고 있습니다. 이것은 협상과 타협을 강조하는 『합의에 이르는 길(*Getting to Yes*)』이라는 책입니다. 그들은 이런 연구, 이런 교육을 어려서부터 끊임없이 하고 있어요. 그리고 실습도 하고 진짜 연습도 하고, 그러니까 이렇게 연습되고 이렇게 전략을 갖추고, 이렇게 준비된 사람, 준비된 집단, 준비된 국가와 우리가 타협과 협상을 해서 이길 수 있겠습니까?

우리는 그저 감정에 호소하고 체면을 존중하고 그저 타협하려고 하면서, 상대방에게 어떻게든지 호감을 주어서 그냥 적당히 만들어내려고 하는 이런 식의 타협을 하고 있을 뿐입니다. 이것을 '입장협상

(positional bargaining)'이라고 합니다.

타협과 협상에는 원칙과 전략이라는 것이 있습니다. 오늘 다 설명은 못하겠지만 타협과 협상을 하는 데 있어서는 타협과 협상을 하는 상대방은 적도 아니고 동지도 아닙니다. 오직 타협의 대상자일 뿐이에요. 그러면 그 사람에 대해서는 타협하는 내용은 엄격해야 하고, 사람에 대해서는 우호적이고 관대해야 합니다. 그런데 우리는 일에 대해서 너무 관대해서 철저하게 분석도 안 하고 과학적인 탐구도 안 하면서 협상에 임하고 있습니다.

외국의 선진화된 타협과 협상 문화와 전략을 가진 나라는 타협과 협상에 대해서 철저하게 준비하고 철저하게 분석해서 대안을 만듭니다. 그리고 대화를 통해서 분석자료와 대안을 가지고 상대방을 설득하니까, 우리는 늘 당하게 될 수밖에 없지요. 이것이 '원칙협상(principled bargaining)'전략입니다.

정치라는 것이 좋은 정치인만 뽑았다고 해서 좋은 정치를 갖는 것은 아닙니다. 우리도 하루속히 정치교육을 해야 합니다. 민주정치교육인데 그 기본이 대화, 타협과 협상, 토론, 합의입니다. 이에 대한 목표와 전략, 의식과 문화들이 철저하게 교육되고 철저하게 연습되고 철저하게 관리되어야만 우리가 기대하는 정치인, 기대하는 정치를 가질 수 있습니다.

오늘 '자치펀치'는 대화를 통한 타협과 협상의 중요성을 이야기했습니다.

함께해 주셔서 감사합니다.

제26강 이제 그만하자, 너무 많이 먹었다

오늘 이 시간은 요즘에 세계적인 화두가 되고 있고 미국 대선과정에서 또 역시 이슈화되고 있는 문제에 대해서 한 번 이야기하고 싶습니다.

그것은 잘 알고 있겠지만, 미국과 우리 한국도 마찬가지지만, 세계적으로 불평등이 심화되고 있다는 문제입니다. 특히, 불평등한 대우를 받고 있을 뿐만 아니라 격차를 느끼고 있는 대다수의 사람들이 극렬한 분노와 저항을 하고 있다는 사실을 먼저 이야기하고 싶습니다.

지금 세계적인 경제를 보면, 대략 세계 인구가 72억 명쯤 되는데, 그중에서 1%에 해당하는 사람들이 부를 크게 가지고 있어서, 그 1%가 가지고 있는 부가 나머지 99%가 가지고 있는 부를 다 합친 것보다 많다고 합니다. 그래서 1대 99의 세계로 간다는 것이 학자들의 주장입니다.

다시 말해서, 부자와 가난한 사람들의 격차, 부익부 빈익빈 현상이 세계적인 현상으로 점점 심화되고 있습니다. 심지어는 전 세계적인 부자 62명, 1위에서부터 62위까지 부를 가지고 있는 사람들의 재산을 합친 것이 인류 절반 36억 명이 가지고 있는 인구와 재산이 서로 같다는 것입니다. 그러니까 이것이 참 상상하기 어려운 이야기지요.

36억 명과 62명의 재산이 같다는 것이니까요. 그래서 이렇게 세계적으로 국가 간 빈부격차가 심해지고 있습니다. 또 한 국가 내에서도 빈부격차가 점점 양극화되는 현상, 바로 이 문제가 미국에서 최근에 대선과정에서 크게 이슈로 대두된 것입니다.

그 이슈를 제기한 사람이 바로 버니 샌더스(Bernie Sanders)라는 민주당의 후보죠. 한때는 힐러리 클린턴(Hillary R. Clinton)이라는 막강했던 후보를 제치고 아주 미국 국민들로부터 아주 열광적인 지지를 받은 바 있습니다. 민주당 경선과정인 아이오와 코커스(Iowa Caucus) 선거에서도 힐러리와 접전을 벌였고 또 그 이후에 선거에서도 이겼지요.

이런 돌풍을 일으키고 있는 샌더스가 주장하는 것이 바로 불평등의 문제입니다. 그래서 샌더스가 등장할 때마다 지지자들이 외치는 구호가 “Enough is enough”, 즉 “이제 그만하자, 너무 많이 먹었다.”라는 뜻이잖아요. 그래서 부자들이 너무 많이 부를 독점하고 있으니까, 이제 이것을 그만하게 해야 되겠다는 외침입니다. 그래서 그만하는 방법은 결국은 개혁이라는 것입니다. 거기에는 정치적인 개혁, 조세 같은 경제적인 개혁, 그리고 사회적인 개혁과 의료보험이라는 것들이 대상이 되고 있습니다.

그래서 미국도 마찬가지로 0.1%의 부자가 전체 미국 국민이 가지고 있는 부의 22%를 독점하고 있다고 하니까, 이 문제를 시정하지 않고서는 미국 국민들이 분노할 수밖에 없다는 것이 샌더스가 주장하는 캠페인입니다. 여기에 많은 미국의 중산층 또는 서민과 소외계층들이 샌더스에게 27달러의 돈을 기부를 하면서 그 돈이 힐러리 후보보다 더 많아졌다는 것입니다.

어떻게 생각하면 민주당 후보가 될 수도 있고, 또 공화당의 도널드 트럼프(Donald Trump)가 또 후보가 된다면 그야말로 극우적인 사람과 지금의 민주당보다 상당히 많이 좌파 쪽으로 간 진보적인 극좌 간에 대결을 벌이는 그런 상황도 예측해볼 수 있습니다.

그래서 이런 상황을 우리나라에 대입해 보면, 우리나라도 크게 예외가 아니라고 볼 수 있습니다. 왜냐하면, 우리도 지금 1%의 부자들이 대한민국의 3분의 1의 재산을 가지고 있다는 것이고, 또 10%는 약 52%의 재산을 가지고 있다고 하니까 대한민국의 격차도 지금 점점 더 심각해지고 있습니다.

그래서 최근에 우리 젊은 학생들이 '수저계급론'이라는 이야기를 하고 있잖아요. 누구는 금수저를 물고 태어나고 누구는 흙수저를 물고 태어난다는 말입니다. 그래서 결국은 이렇게 부자로 태어난 사람이 또 대를 이어서 부자가 되고, 또 가난하게 태어난 사람은 가난을 대물림 받게 된다는 그런 뜻에서 수저 이야기가 나온 것입니다.

그럴 수밖에 없는 것이 앞에서 설명한 미국에서도 미국 100대 부자들을 보면 거의 약 78명, 100명 중의 78명은 자수성가하거나 창업을 해서 스스로 돈을 번 사람입니다. 그런데 한국 100대 부자의 84명은 전부 상속을 받아서 부자가 된 것이거든요.

그러니까 그 말이 틀리지 않다고 볼 수 있는 것이죠. 거기에다가 지금 대한민국의 소득 격차를 보면 상위 10%와 하위 10%의 소득 격차가 6.7배로 늘어났습니다. 그런데 그 소득 격차 문제로 끝나는 것이 아니라, 이 소득에 따른 격차 문제가 교육비 격차 문제로 나타나고 있거든요. 그러니까 상위 10%의 사람들이 투자하는 교육비, 자녀들을 위해서 투자하는 교육비와 하위 10%가 자녀들을 위해서 투자하는 교육비의 격차가 9배로 늘어났습니다.

이것은 무슨 이야기냐 하면 가난한 사람들은 자기 자녀들에 대해서 교육을 제대로 못 시키고 있기 때문에, 신분상승의 기회를 잃게 되어 결국은 가난이 대물림된다는 것입니다. 그러니까 옛날 같이 "개천에서 용 난다."는 말은 이미 없어졌습니다.

지금 통계를 보면, 서울대학교를 비롯한 일류 대학에 전부 서울 강남에 있는 부자들의 자녀들이 다니는 외고라든지, 과학고라든지 이런 쪽에서 서울대학교를 많이 가고 있고, 그런 사람들이 사법고시라든지, 행정고시를 많이 합격하는 결과가 점점 커져가고 있습니다.

그러니까 이제는 가난한 사람은 자녀를 잘못 가르치고 또 좋은 교육을 받지 못한 자녀들은 또다시 가난한 삶을 살아야 되는 악순환이 되풀이되고 있는 것입니다. 이 현실이 이제 국민들로 하여금, 그리고 자라나는 청년들로 하여금 대단한 분노를 가져오게 된 것입니다. 그리고 문제가 심각한 것은 이 분노가 언제 폭발할지 모른다는 사실이지요. 반드시 이 분노의 문제는 정치적인 저항으로 나타나거나 또는 체제에 대해서 반발하거나 체제를 지지하는 문제가 생기기 마련이기 때문에 대단히 심각한 것입니다.

지금 우리 청년들의 실업률 통계를 보면 심각합니다. 청년들이 취업이 안 되니까 공식적인 실업률이 10.2%나 됩니다. 물론 이 실업률을 측정하는 대상에는 오랫동안 취업을 포기했거나 또는 1시간 만이라도 일을 했거나 또는 취업을 오래 준비하고 있는 청년들은 이 공식 실업률에 포함되지 않기 때문에 실업률이 10.2%밖에 안 되지만, 여기에 그런 것들이 포함되면 30% 가까이가 지금 실업상태에 놓여 있습니다. 그리고 기껏 취업을 한 청년들의 경우에는 10명 중 6명은 비정규직입니다. 언제 자리를, 직업을 잃을 줄 모르는 이런 불안한 상태에서 취업을 하고 있거든요. 그러니까 청년들이 얼마나 미래에 대해서 불안하겠습니까? 미래에 대해서 희망을 갖지 못하고 좌절하고 세상을 원망하고 그런 것들이 자살로도 나타나고 있는 것입니다.

이런 문제 때문에 지금 우리 사회에 점점 심각해지고 있습니다. 그래서 20~30대 젊은층들은 지금 취업을 못해서 걱정, 또 30~40대의 가장들은 실직이라든지, 또는 사업의 폐업이라든지 이런 문제 때문에 잠을 못 이루고 있습니다. 또 60~70대의 노인층들은 지금 노인빈곤율 세계 1위 또는 노인자살률도 세계 1위, 그리고 질병에 상당히 노출되어 있기 때문에, 지금 노인들도 하루하루를 아주 힘들게 버텨가고 있다고 볼 수 있습니다.

그런 점에서 본다면, 물론 분배와 복지 문제는 그것은 성장이라는 것이 전제되어야 되고, 또 취업이라는 것도 일자리가 늘어나야 되고 일자리를 늘리려면 경제가 성장이 되어야 하는 것은 틀림없는 사실입니다.

그러나 또 한편으로 우리가 경제가 성장했다고 해서 저절로 분배가 공정하게 이루어지지 못하고 부가 독점이 되는 그러한 현상도 나타나고 있어서 문제가 점점 더 어려워지고 있습니다.

최근에는 경제가 어려워졌지만, 우리나라의 지난 50년을 뒤돌아보면 한국경제가 비약적으로 성장을 했습니다. 1960년에 불과 1인당 국민소득이 100달러가 안 되었는데 지금 3만 달러 가까이 되었거든요. 또 수출도 최근에는 수출이 급감한다고 걱정을 하지만, 1960년에 우리가 2,200만 달러에서 지금은 5천억 달러까지 정말 기적적으로 무역이 늘어나서 무역규모도 세계 8위가 되었습니다.

그리고 전체 국민총생산, 즉 GRDP도 세계 11위라고 양적인 면에서는 크게 성장을 했지만, 우리가 경제가 성장하면 저절로 행복해질 줄 알았거든요. 다 골고루 잘살 줄 알았단 말이죠. 그런데 결과는 우리나라도 부익부 빈익빈 또 부자들의 부의 세습, 가난의 대물림, 이런 격차가 점점 더 심각해지고 있습니다.

우리나라는 지금 총선을 치르고 있지 않습니까? 총선이 불과 1달 남짓밖에 안 남았는데 이 총선의 이슈도 지금은 안보 문제, 북핵 문제, 이런 것들로 채워져 있지만, 사실은 불평등과 격차 문제를 어떻게 해소할 것이냐? 그리고 성장과 분배의 문제를 어떻게 조화롭게 추구할 것이냐? 이런 것들이 총선에서 중요한 이슈가 되어야 합니다.

그리고 이 이슈에 대해서 많은 토론과 경쟁이 이루어져서 총선 이후에는 이러한 문제를 해결할 수 있는 그러한 대안들이 마련이 되는 한편, 공감대 형성이 되어야 하는데 지금은 총선과정에서는 이런 부분들이 전혀 이슈화되고 있지 않습니다. 아직도 그냥 진영논리에 갇혀 있다든지 또는 구태의연한 선거를 치르고 있기 때문에 선거가 제대로 기능을 못하고 있다고 볼 수 있습니다.

아무튼, 우리 대한민국도 이제는 불평등과 격차의 문제를 심각하게 고민해 봐야 합니다. 그렇지 않으면 우리 국민들이 상당한 분노와 저항을 표출할 수밖에 없습니다. 언제까지나 성장을 위해서 희생하고 부자들이 부를 독점하고 이런 현상은 더 이상 가서는 안 된다는 것이 제가 오늘 강조하고 싶은 내용입니다.

아무쪼록 우리가 이 총선을 잘 치러서 정치를 개혁시키고, 나아가 그 개혁을 통해서 사회와 경제가 개혁이 되어서 우리 국민들이 보다 더 공정한 사회, 복지사회 또 선진사회로 가는 그러한 토대를 만들어야 된다는 생각을 이야기했습니다.

함께해 주셔서 고맙습니다.

제27강 평생교육 시대, 배워야 산다

지난번 시간에는 제가 텔레토비와 국회의원을 비교를 해서 많은 분들의 공감을 가져왔었는데 오늘은 셀프디스(self dis)라고 할까요? 제가 교수라서 교수와 거지가 갖는 공통점 10가지가 있다고 합니다. 공통점을 살펴보면 다음과 같습니다.

첫 번째는 교수와 거지들은 출·퇴근 시간이 일정하지 않다고 합니다. 우리 교수들도 강의시간에 맞춰서 오기 때문에 일반회사원 같이 출·퇴근이 정확하지 않습니다.

두 번째는 거지나 교수가 다 같이 뭔가를 매일 들고 다닌다는 것입니다. 그래서 거지는 깡통을 들고 다니고 우리 교수들은 가방을 들고 다니지요.

또 세 번째는 둘 다 되기는 어렵다고 하네요. 거지되기도 어렵고 교수되기도 어렵지만 한 번 되고 나면 대단히 쉽다는 이야기고요.

그리고 이건 뭐 좀 부끄러운 이야기인데 작년에 한 말 또 한다는 것입니다. 교수들도 작년에 강의한 것을 또 되풀이하는 경우가 많이 있습니다. 그래서 그런 이야기가 나온 것 같고요. 그다음에 투철한 직업의식을 가지고 있다든지, 또 이직이나 전직이 힘들다든지, 수입이 일정하지 않고 뛰는 만큼 번다는 것도 공통점이라고 합니다.

그리고 마지막으로, 두 얼굴을 가지고 있다는 것인데 이런 이야기들은 교수사회에서는 늘 하는 이야기들입니다. 그래서 제가 교수이기 때문에 우스갯소리로 이야기했습니다.

사실은 제가 이곳, 지금 카메라가 찍히고 있는 이곳이 제 교수연구실입니다. 충남대학교의 교수연구실이고 제가 이렇게 책장에 책이 많이 있는데, 벌써 제가 충남대학교에서 교수 발령을 받고 강의를 시작한 것이 올해가 꼭 30년이나 되기 때문입니다.

제가 30년 전인 1986년 2월 15일에 발령을 받았거든요. 그래서 말하자면, 이 날 입사를 했기 때문에 정확하게 만 30년이 되었습니다. 굉장히 짧게 지나간 것 같아요. 그래서 이 좁은 연구실에 많은 책과 자료들이 쌓이게 되었습니다. 또 사실 지난 30년 동안에 이 연구실에서 나름대로 많은 연구와 생각을 했고, 또 학생들도 많이 만났습니다. 이제 지금은 '자치펀치'의 카메라가 우리 연구실에 들어와서 이렇게 여러분들과 소통을 하게 되었습니다. 아무튼, 지난 30년이 쏜살 같이 지나갔지만, 많은 일들과 많은 성과들이 사실 이 연구실에서 이루어졌습니다.

제가 오늘 30년을 뒤돌아보면서, 이렇게 그동안에 제가 교수 입장에서 가르치고, 저도 배우고, 계속해서 끊임없이 죽을 때까지 배워야지요. 그래서 가르치고 배우면서 그동안에 제가 뭘 하려고 했나를 생각해 봤습니다. 물론 조금 앞서서 알고 있던 지식과 정보를 전달하는 단순한 지식의 전달자 같이 느낀 적도 있었지만, 제가 30년 동안 사실은 학생들이나 저를 만났던 사회인이나 또 여러 다양한 강의를 통해서 제가 가르치려고 했던 것은 크게 나눠서 3가지입니다.

그러니까 우리가 교육, 배우고 또 가르치는 목적이 물론 앞으로 이야기한 지식과 정보를 다루지만 더 근본적으로는 다음과 같습니다.

첫 번째는 저는 진지하고 보람 있는 삶에 대한 열정을 가르치고 배우는 것이라고 생각을 합니다. 왜냐하면, 배운 사람들만이 삶에 대해서 열정을 지속해서 갖게 되기 때문입니다.

특히, 요즘엔 평생교육 시대이지 않습니까? 평생 배우고 또 평생 가르칠 때 삶에 대한 애정과 열정이 생겨납니다. 더 진지하게 삶을 살아가려고 한다는 것이죠. 그러니까 우리가 배우는 것을 쉬거나 멈출 때 열정은 없어지는 것입니다.

두 번째는 겸손을 배우는 것입니다. 우리 인간도 격이 있습니다. 인간을 격으로 나누는 것을 인격이라고 그러지 않습니까? 그런데 요즘 젊은이들은 사람을 격으로 나누는 것을 전부 외모라든지 이런 것을 가지고 격을 나누는 것이 대부분입니다. 그것은 외적인 아름다움이라고 볼 수 있는데, 사실은 인간의 격을 나누는 것의 가장 큰 기준은 내적인 아름다움, 즉 교양입니다.

그래서 교양을 가진 사람이 진정으로 아름다운 사람입니다. 외모는 우리가 성형수술도 해서 한 순간에 변경도 시키지만, 그러나 이 교양이라고 하는 것은 끊임없는 배움을 통해서만 연마되는 것입니다. 그래서 교양을 함양시키게 되면 겸손해진다는 것입니다.

그래서 지난번에도 이야기했지만, 다산 정약용 선생의 여러 가르침 중에 "자상자인하지, 자하자인상지(自上者人下之 自下者人上之)"라는 글귀를 저는 제일 좋아합니다. "자기 자신을 자기가 스스로 높이면 남이 깎아내릴 것이고, 자기 자신을 낮출 줄 알면 남이 높여 줄 것이다." 이것이 겸손한 마음이거든요. 배운 사람만이 겸손해질 수 있는 것을 의미합니다.

아마 '자치펀치'를 하면서 초반에 제가 이야기했을 것입니다. 다시 한 번 제가 강조를 하고 싶은 것인데요. 아무튼, 겸손이라고 하는 것은 흉내를 낼 수는 있지만 그렇게 되기는 어렵습니다. 용기가 필요해요. 자기를 낮출 수 있는 것은 이미 배운 사람만이 그것을 할 수 있는 용기가 생기는 것이거든요. 배우지 않은 사람은 겸손을 가장할 수는 있지만 금방 들통이 난다는 것입니다.

마지막으로, 세 번째는 사랑입니다. 사랑을 배우는 것이다. 그 사랑의 대상은 여러 가지가 있겠지요. 인간일 수도 있고 자연일 수도 있고, 또 진리에 대한 사랑일 수도 있고요. 그래서 저는 사회과학을 전공하면서 그중에서도 지방자치나 지역발전에 대해서 지난 30년 동안 연구를 해오지 않았습니까?

가르친다는 것은 결국 지역에 대한 사랑, 지역주민에 대한 사랑 또 그것과 관련된 진리에 대한 사랑, 이런 것들이 있기에 그것이 좋은 교육으로 될 수 있다고 믿고 또 그런 자세 속에서 가르치려고 노력을 했습니다. 그러니까 우리가 아무리 많이 배워도 그것을 사랑할 줄 모르면 그 지식은 별로 유용하지 않다고 생각합니다.

그리고 진정으로 그 대상을 변화시키기가 어렵지요. 지역을 발전시키려면 지역에 대한 사랑이 있어야 되고, 지역주민의 복지를 향상시키는 그런 연구를 하려면 지역주민에 대한 사랑이 있어야 되거든요.

그것이 교육의 가장 기본적인 목적이라고 생각을 하면서, 제가 30년 동안 또 앞으로 남은 기간 동안 교육을 계속한다면 저는 열정과 겸손과 사랑을 가르치고 느끼고 전해주고 싶다는 그런 생각을 가지고 있습니다. 그런가 하면, 가르치는 사람도 그런 목적을 가지고 가르치지만, 배우는 사람들도 좋은 자세가 있어야 합니다. 교육이라는 것은 가르치는 사람만 잘 가르쳐서 되는 것이 아니라, 배우는 사람도 좋은 자세와 마음가짐을 가져야 좋은 교육이 이루어집니다.

그런 의미로 가유삼성(家有三聲)이라는 맹자(孟子)의 말씀이 있어요. 다시 말해서, 집안이 잘되려면 이 3가지 소리가 크게 들려야 된다는 것입니다. 먼저, 해성(孩聲)이라고 하는 것은 어린 아이 우는 소리입니다. 즉, 집안에 어린 아이의 울음소리가 크게 들려야 집안이 번성한다는 의미로서 출산율이 높아야 된다는 이야기겠죠?

그 다음에 기성(機聲)이라고 해서 베틀 짜는 소리를 말합니다. 그러니까 옛날에는 베틀을 짜서 집안의 경제를 지키는 것이거든요. 그래서 베틀 짜는 소리가 크게 들려야 집안의 경제가 잘 돌아간다는 것입니다.

마지막으로, 독성(讀聲)이라고 하는 것은 글을 읽는 소리입니다. 그래서 글을 읽는 것은 바로 교육이죠. 배우는 것을 말합니다. 그래서 글을 읽는 소리가 담 밖으로 크게 넘어가야 그 집안이 번성을 한다는 의

미인데, 사실은 이것은 가유삼성만 아니라 지유삼성(地有三聲)으로 지방도 마찬가지이고, 국유삼성(國有三聲)으로 국가도 마찬가지입니다.

그래서 우리는 배우는 것은 결국은 집안과 지역과 국가의 번영을 위해서 배우게 되는 것입니다. 그런 배움의 목적이 있는 것이고요. 그 다음에 배우는 것은 꼭 새로운 것을 얻는 것만이 배우는 것이 아닙니다. 즉, 새로운 것을 얻어서 자기 속에다 집어넣는 것만 배우는 것이 아니라 버리는 것도 중요합니다. 이미 자기가 배운 것 중에는 이미 쓸모가 없고 시대에 맞지 않고, 이제 더 이상 효용가치가 없는 지식과 정보가 많이 있습니다. 그래서 이것은 과감하게 버리고 폐기할 줄 알아야 됩니다. 그러니까 버려야 채워진다는 말이 있습니다.

이 지식과 정보도 끊임없이 바뀝니다. 지금 우리가 알고 있는 최고·최신의 지식과 정보라고 하는 것도 시간이 지나면 쓸모없는 지식과 정보가 되기 때문에 계속해서 배울 수밖에 없는 것입니다. 그런데 사람들은 대개 한 번 들어온 지식과 정보를 잘 버리지 않으려고 합니다. 그냥 그것을 계속 소유하면서 새로운 지식과 정보는 잘 받아들이지 않으려고 합니다. 더 이상 유용하지 않은 기존의 지식과 정보만 가지고 활용해서 쓰려고 하는데 그것은 배움의 자세가 아닙니다.

배우려고 하면 모든 것을 비우고 내려놔야 합니다. 이것이 가장 중요한 배움의 자세입니다. 다시 말해서, 오픈마인드(open mind)를 가지고 열어놓고 남의 이야기를 귀 기울여 듣고, 또 채워서 자기 것으로 만들고 또 주기적으로 이것이 유용하지 않으면 과감하게 버리는 자세가 배움의 자세로서 상당히 중요한 것이라고 생각을 합니다.

공자도 "지지자부여호지자, 호지자부여락지자(知之者不如好之者 好

之者不如樂之者)"라는 말을 논어에서 했거든요. 그래서 "아는 사람은 좋아하는 사람만 못하고 좋아하는 사람은 즐기는 사람만 못하다."는 이야기라서 우리가 배우는 것도 즐거운 일이기 때문에 즐겁게 해야 한다는 것입니다. 이것을 꼭 내가 배워서 활용을 함으로써 돈을 벌고 하는 어떤 목적을 가지고 배우는 것도 있지만, 배움 자체를 즐길 줄 아는 그것이 가장 좋은 군자의 자세라는 것이 공자의 이야기입니다.

그래서 공자의 수많은 이야기들을 한마디로 정리하면 권학(勸學), "배워라. 학문을 배워라."입니다. 그래서 배운다는 자체가 그냥 즐거움이라고 생각하면 됩니다. 따라서 우리는 평생교육을 통해서 배움으로써 삶에 대한 즐거움을 갖게 되고, 그 다음에 행복해질 수 있다고 생각합니다.

칸트(I. Kant)도 행복의 조건을 3가지로 이야기했습니다. 행복해지기 위해서는 3가지 조건이 충족이 되어야 한다는 것입니다. 어떤 일을 할 것인가, 어떤 사람을 사랑할 것인가, 그리고 어떤 일에 희망을 가질 것인가에 대한 것으로서 공자와 맥을 같이합니다.

이런 조건이 최소한 충족이 되어야 행복한데, 이 3가지 조건이 충족되기 위해서는 교육을 통해서 배우는 것입니다. 그래서 진정으로 우리가 배워야 즐거워질 수 있음과 동시에 행복해질 수 있다고, 저는 이런 생각을 가지고 지난 30년 동안에 교단에서 있었습니다. 또 앞으로도 이것을 가르치기 위해서 노력을 하고자 합니다.

저도 이제 대학에서는 가르치지만, 저도 나름대로는 또 많이 배우려고 노력을 하고 있습니다. 제 취미생활에 대한 것도 배우려고 하고, 또 다른 사람의 좋은 강의도 배우려고 하고, 그렇게 해서 제 자신도 행복해지고 즐거워지려고 합니다. 이것은 배움을 통해 여러 가지 사랑을 하게 되는 그런 목적을 이루기 위해서 그렇게 하는 것입니다.

아무튼, 여기 시청자 여러분께서도 끊임없이 평생 배우고 익히고 즐길 수 있는, 그래서 행복해지는 그러한 삶을 적극적으로 추천하고 싶습니다.

'자치편치' 오늘 여기서 일단락 지어야 할 것 같습니다. 제가 그동안 우리 시청자 분들과 27번쯤 만난 것 같습니다. 27번의 강의 동안에 여러 가지 주제를 가지고 이야기했습니다.

그런데 제가 개인적인 사정도 좀 생기고 해서 나중에 좀 더 좋은 모습으로 만나기 위해서 잠시 이 '자치편치'를 쉬려고 합니다. 사실은 그동안에 좀 펀치를 날리기 위해서 글러브도 많이 끼고, 여러 가지 모습을 보여드리면서 통쾌하고 신랄하게 하려고 나름대로는 했지만, 아마 여러 가지가 아직 부족하지 않았나 하는 생각이 듭니다.

저로서는 이번 기회에 굉장히 좋은 경험을 했습니다. 그리고 그간 저에게 많은 시청자 분들께서 격려 전화도 주시고, 제안도 해주시고, 게다가 여러 가지 이슈에 대해서도 좋은 이야기도 해주셔서 저에게는 큰 공부도 되었는가 하면, 좋은 경험과 또 좋은 많은 분들과의 인연을 갖게 되었습니다.

아무쪼록 이 '자치편치'를 함께해 주신 《디트뉴스24》 기자 분들에게도 감사를 드리면서, 이 좋은 촬영을 비좁은 연구실에서 함께했던 지난 시간들이 굉장히 소중하게 느껴집니다.

사실은 이렇게 '자치편치'를 통해서 혼자 이야기를 진행하는 것이 저로서는 처음이었습니다. 그래서 다소 어색한 점도 있었고 제가 의도

한 대로 좀 안 된 점도 있었지만, 이 경험을 살려서 앞으로 좀 더 많은 준비와 좀 더 많은 것들을 정리를 해서 언젠가 다시 꼭 만나기를 진심으로 기대하고 또 그렇게 약속을 하겠습니다.

아무쪼록, 그동안 함께해 주신 시청자 분들께 진심으로 감사를 드리고, 앞으로 더 행복해지시고 건강해지시고 또 저와 함께 만날 날을 손꼽아 기다려주시기 바랍니다.

그동안 감사했습니다. 안녕히 계십시오…….

참고문헌

• 국내문헌

김병찬 역(Bob Dole)(2013). 『대통령의 위트』, 아테네.
김현기 외(2009). 『2018, 인구변화가 대한민국을 바꾼다』, 한스미디어.
매일경제미래연구보고서팀(2016). 『대한민국미래경제보고서』, 매일경제신문사.
머니투데이 기획취재팀(2014). 『다가올 미래를 위한 결정적 5년』, 북투데이.
박세일(2013). 『선진통일전략』, 한반도선진화재단.
박영숙・제놈 글렌(2015). 『유엔미래보고서 2045』, 교보문고.
배병삼(2012). 『공자, 경영을 논하다』, 푸르메.
삼성경제연구소(1994). 『정부혁신의 길』, 삼성경제연구소.
오수향(2016). 『1등의 대화습관』, 책들의 정원.
유일석 역(2010). 『논어』, 새벽이슬.
육동일(2015). 『지방자치와 국가・지역발전론』, 충남대출판문화원.
______(2013). 『국민행복시대 지방분권과 자치행정』, 충남대출판문화원.
______(2009). 『육동일 교수와 함께 지방자치의 길을 찾다』, 비주얼스톰.
______(2005). 『행정도시가 희망이다』, 충남대 출판부.
이극찬(1985). 『프롬의 자유사상』, 연세대 출판부.
이덕희(2015). 『공자가 다시 쓴 자본주의 강의』, 센추리 원.
이영탁(2010). 『미래와 세상』, 미래를소유한사람들.
이재혁(2015). 『KBS 스페셜, 행복의 리더십』, RHK.
이진원 역(2011). 『도시의 승리』, 해냄.
이창길 외(2015). 『대한민국 정부를 바꿔라』, 올림.
임마뉴엘 페스트라이쉬(2012). 『세계의 석학들, 한국의 미래를 말하다』, 다산북스.

장혜경 역(2015). 『우리는 어떻게 괴물이 되어가는가』, 반비.
조선일보 미래기획부(2015). 『미래를 읽는 리더』, RHK.
조정주 역(2010). 『필란드 경쟁력 100』, 비아북.
조정진 · 김태훈 역(2012). 『왜 정부는 하는 일마다 실패하는가』, 글로세움.
지방분권촉진위원회(2014). 『2014 지방분권백서』.
지방자치발전위원회(2016). 『한국지방자치 발전과제와 미래』, 박영사.
______(2015). 『지방이 살아야 나라가 산다』.
______(2015). 『지방자치발전종합계획』.
최연혁(2012). 『우리가 만나야 할 미래』, 쌤엔파커스.
한국지방행정연구원(2009). 『해외 지방정부에서 배운다』, 매일경제신문사.
함규진 역(Nick Ragone)(2012). 『대통령의 결단(*Presidential Leadership: 15 Decisions That Changed Nation*)』, 미래의 창.
EBS 다큐프라임(2011). 『이야기의 힘』, 황금물고기.
KAIST 미래전략대학원(2015). 『대한민국 국가미래전략 2016』, 이콘.
LG 경제연구원(2010). 『2020 세로운 미래가 온다』, 한스미디어.

• 국외문헌

Acemoglu, Daron & James, Robinson(2012). *Why Nations Fail*, Crown Business.
Agranoff, Robert & Michael, McGuire(2003). *Collaborative Public Management*, Georgetown University Press.
Appleby, Joyce(2010). *A History of Capitallism*, w.w. Norton & Company.
Arredondo, Lani(2000). *Communicate Effectively*, McGraw－Hill.
Crainer, Stuart(1999). *The 75 Greatest Management Decisions Ever Made*, Barnes & Noble.
Daly, Peter H. & Michael, Watkins(2006). *The First 90 Days in Government*, Harvard Business School Publishing.
Denhardt, Robert(1999). *Public Administration(An Action Orientation)*, Harcourt Brace & Company.
Fisher, Roger & William, Ury(1981). *Getting to Yes*, Penguin Books.
Friedman, George(2010). *The Next 100 Years*, Gimm－Young Publishers.
Goldsmith, Stephen & Susan, Crawford(2014). *The Responsive City*, Jossey－Bass.
Guy, B. Peters(2001). *The Future of Governing*, Univ. Press of Kansas.
Harvey, David(2013). *Rebel Cities*, Verso.

Jacobs, Jane(1992). *The Death and Life of Great American Cities*, Vintage Books.
Leigh, Andrew & Michael, Maynard(2003). *Perfect Presentation*, Random House.
Montgomery, Charles(2013). *Happy City*, Farrar, Straus and Giroux.
Nicholas, Reid Schaffzin(1997). *Negotiate Smart*, Princeton Review Publishing.
Osborne, David & Ted, Gaebler(1992). *Reinventing Government*, Penguin Group.
Pastor, Manuel & Peter, Dreier(2000). *Regions That Work: How Cities and Suburbs Can Grow Together*, University of Minnesota Press.
Peters, Thomas J. & Robert, H. Waterman(1982). *In Search of Excellence*, Warner Books.
Rich, Michael & Robert, Stoker(2014). *Collaborative Governance for Urban Revitalization*, Cornell University Press.
Rozman, Gilbert(2012). *China's Foreign Policy*, The Asan Institute for Policy Studies.
Sams, Gregory(2013). *The State is out of Date*, Disinformation Books.
Schuck, Peter(2013). *Why Government Fails so Often*, Princeton University Press.
Sharon, Zukin(2010). *Naked City: The Death and Life of Authentic Urban Places*, Oxford University Press.
Townsend, Anthony(2014). *Smart Cities*, w.w. Norton & Company.

찾아보기

ㄱ

ㅇ

ㅈ

ㅎ

알아듣기 쉬운 지방자치 강의서

자치펀치

펴낸날 제1판 제1쇄 2016년 9월 12일

지은이 육동일
펴낸이 임춘환
펴낸곳 도서출판 대영문화사
주소 서울특별시 용산구 청파로 61길 5(청파동 1가) 제일빌딩 2층
등록 1975년 12월 26일 제3-16호
전화 (02)716-3883, (02)714-3062
팩스 (02)703-3839
홈페이지 http://www.dymbook.co.kr

ISBN 978-89-7644-564-3
값 12,000원